Promotion de Noël: Deux albums de Noël pour $25

Christmas Special: Two Christmas albums for

BIENVENUE ! WELCOME !

PIERRETTE LECLAIR
2-34 VALAIN ST
ALFRED ON
K0B 1A0

Mon
histoire
en noir
et blanc

RICHARD
ABEL

Le clavier de ma vie

LES ÉDITIONS LA SEMAINE
Charron éditeur inc.
Une société de Québecor Média
955, Amherst
Montréal (Québec) H2L 3K4

www.editions-lasemaine.com

Directrice des éditions: Annie Tonneau
Coordonnateur aux éditions: Jean-François Gosselin
Réviseurs-correcteurs: Monique Lepage, Marie Théorêt
Couverture: Lyne Préfontaine
Photos de couverture: Christian Hébert
Maquillage: Sabrine Cadieux
Infographie: Echo international

L'éditeur bénéficie du soutien de la Société de développement des entreprises culturelles du Québec (SODEC) pour son programme d'édition.

Canadä

Nous reconnaissons l'aide financière du gouvernement du Canada par l'entremise du Fonds du livre du Canada pour nos activités d'édition.

REMERCIEMENTS
Gouvernement du Québec (Québec) — Programme de crédit d'impôt pour l'édition de livres — Gestion SODEC

Dépôt légal: quatrième trimestre 2016
Bibliothèque et Archives nationales du Québec
Bibliothèque et Archives Canada

ISBN: 978-2-89703-361-3
Imprimé au Canada

Mon
histoire
en noir
et blanc

RICHARD
ABEL

Le clavier de ma vie

Denis-Martin Chabot, co-auteur

ÉDITIONS
LASEMAINE

Une société de Québecor Média

DISTRIBUTEURS EXCLUSIFS

• Pour le Canada et les États-Unis :
MESSAGERIES ADP*
2315, rue de la Province
Longueuil (Québec) J4G 1G4
Tél. : 450 640-1237
Télécopieur : 450 674-6237

* une division du Groupe Sogides inc.,
filiale du Groupe Livre Québecor Média inc.

• Pour la France et les autres pays :
INTERFORUM editis
Immeuble Paryseine, 3, Allée de la Seine
94854 Ivry CEDEX
Tél. : 33 (0) 4 49 59 11 56/91
Télécopieur : 33 (0) 1 49 59 11 33

Service commande France métropolitaine
Tél. : 33 (0) 2 38 32 71 00
Télécopieur : 33 (0) 2 38 32 71 28
Internet : www.interforum.fr

**Service commandes Export —
DOM-TOM**
Télécopieur : 33 (0) 2 38 32 78 86
Internet : www.interforum.fr
Courriel : cdes-export@interforum.fr

• Pour la Suisse :
INTERFORUM editis SUISSE
Case postale 69 — CH 1701 Fribourg — Suisse
Tél. : 41 (0) 26 460 80 60
Télécopieur : 41 (0) 26 460 80 68
Internet : www.interforumsuisse.ch
Courriel : office@interforumsuisse.ch

Distributeur : OLF S.A.
ZI. 3, Corminboeuf
Case postale 1061 — CH 1701 Fribourg — Suisse

Commandes : Tél. : 41 (0) 26 467 53 33
Télécopieur : 41 (0) 26 467 54 66
Internet : www.olf.ch
Courriel : information@olf.ch

• Pour la Belgique et le Luxembourg :
INTERFORUM BENELUX S.A.
Fond Jean-Pâques, 6
B-1348 Louvain-La-Neuve
Tél. : 00 32 10 42 03 20
Télécopieur : 00 32 10 41 20 24

Il n'est peut-être pas bon de souffrir,
mais il est bon d'avoir souffert.
(Richard Abel)

Autres titres de Denis-Martin Chabot:

Le Journal intime de Dominique Blondin, 2013, Éditions de l'Interdit

Rue Ste-Catherine Est, métro Beaudry, 2015, Éditions La Semaine

Il y a longtemps que je t'aime, je ne t'oublierai jamais, 2016,
     Éditions La Semaine

Préface

Nous sommes le mercredi 3 janvier 1996. Vers 22 h 30, je reçois un appel de mon père m'annonçant que l'on vient de gagner 10 millions de dollars à la loterie 6/49. Je savais mon père capable des pires tours, et compte tenu de la grande popularité de la fameuse émission de Marcel Béliveau *Surprise sur prise,* en plus de l'infime probabilité de remporter la cagnotte, soit une chance sur 13 millions, j'étais plutôt sceptique. Mais, comme tout est possible…

Je me rends donc chez lui à toute vitesse.

Par crainte de manquer les numéros gagnants mentionnés rapidement aux nouvelles, mon père avait l'habitude d'enregistrer les résultats. À mon arrivée, il me montre la vidéo. Cependant, je sais très bien qu'il est techniquement possible, en circuit fermé, de me montrer les images que M. Béliveau voudrait que je voie… mais si mon père me joue la comédie, il mérite de gagner un oscar tant il joue « juste » ! Il s'avérera que oui, nous avons vraiment gagné, mais…

Ce livre s'intitule *Ma vie en noir et blanc.* Vous aurez certainement compris l'analogie avec les touches du piano. Ce gain fait partie des « touches blanches », comme plusieurs autres merveilleuses choses qui me sont arrivées dans ma vie et ma carrière. Cependant, le public en général connaît davantage les touches blanches que les noires.

Une des «touches noires»: un jour, lors d'un de mes spectacles à l'église Sainte-Gemma, dans le quartier Rosemont à Montréal, mon père fait irruption avec une carabine dans l'intention de tirer sur ma mère…

Des «touches noires», il y en a eu malheureusement plusieurs autres, tout comme sur le clavier de mon piano, sur le clavier de ma vie. Mais si vous le voulez bien, commençons par le début.

Avant-propos

Au cours des 15 dernières années et plus précisément depuis ma prestation au Centre Bell en 2005, un point culminant de ma carrière, j'ai reçu plusieurs offres sérieuses pour écrire ma biographie. J'ai toujours refusé principalement parce que mon père s'y opposait très rigoureusement. En lisant ce livre, vous comprendrez sûrement pourquoi.

Au moment d'écrire ces lignes, cela fait deux ans qu'il nous a quittés. Ayant reçu dernièrement une nouvelle offre d'écrire ma biographie, j'ai de nouveau hésité, cette fois-ci pour deux autres raisons. Tout d'abord et surtout parce que je me suis toujours promis que si un jour je racontais ma vie, je dirais les « vraies affaires », car, malheureusement, il m'est arrivé de lire des biographies contenant des éléments pour le moins discutables… entre autres, dans celle d'une grande artiste avec laquelle j'ai travaillé et qui a beaucoup compté dans ma carrière, Alys Robi.

Que dire de la grande Alys Robi qui, comme plusieurs artistes de l'époque, aimait créer un mythe autour d'elle en « embellissant » et en exagérant des épisodes de sa vie !

Ainsi, dans une biographie qui lui est consacrée, Alys Robi raconte être allée faire des auditions à Hollywood. Or, comme le rapporte Daniel Rolland, dans un article de LaMetropole.com, le journaliste Jean Beaunoyer de *La Presse* qui a écrit une autre biographie de la chanteuse, a fait son enquête. Il s'est rendu sur place. Les archives des grands studios n'ont rien sur Alys Robi. Il n'a rien pu trouver non plus à propos de son fameux accident de voiture aux États-Unis entre Las Vegas et Los Angeles. C'est l'accident qui lui aurait causé une commotion cérébrale entraînant son hospitalisation dans un établissement psychiatrique. Les archives de la police n'avaient rien non plus sur cet accident.

La deuxième raison pour laquelle j'ai longtemps hésité à écrire mon histoire, c'est que je savais qu'il me serait très difficile de le faire tant certains épisodes que je relaterais seraient percutants, durs et parfois même incroyables. C'est d'ailleurs non pas sans gêne, et avec un grand malaise, que j'ai décidé de dire la vérité.

La majorité des gens n'ont connu mon père que sous ses beaux jours. Ils seront probablement choqués d'apprendre qui il a été… avant…

Je me souviens de deux interviews à la télé où j'ai parlé de mon enfance. À chacune d'elles, l'émotion et les larmes m'ont fait réaliser que toute cette mémoire de mon père d'avant, de celui qui buvait et se droguait, n'était pas enfouie aussi profondément que je le croyais… À la suite d'une de ces émissions, mon père, qui allait déjà mieux à cette époque, a eu une forte réaction. Il a fait une rechute, s'est remis à boire, et m'a écrit un courriel que j'ai conservé, mais que je n'ai jamais été capable de lire jusqu'à la fin ! Ce que j'ai lu m'a replongé dans cet enfer, et, l'espace de quelques minutes, j'ai revu le père de mes premières années… J'avais réveillé le monstre. Rapidement, il s'est ressaisi, mais plus jamais il n'en a été question.

Toutefois, à partir de ce moment, il a été très clair pour moi que jamais je n'allais raconter toutes ces choses de son vivant.

Tous les faits concernant mon père pourraient laisser croire que je l'ai méprisé et détesté. Avec le recul, ce n'est jamais lui que j'ai détesté durant les premières années de ma vie, mais plutôt ce que l'alcool et la drogue avaient fait de lui. Si j'ai finalement décidé d'en parler ouvertement, c'est pour livrer un message positif aux personnes aux prises avec ces dépendances. Il y a toujours de l'espoir. Il est possible de se sortir de l'enfer de l'alcool et de la drogue, de reprendre sa vie en main et d'être heureux.

Mon père aura donc eu une vie en deux actes : le premier dont il n'était pas fier, et le deuxième couvrant les 35 dernières années de sa vie, passées auprès d'une conjointe merveilleuse, Rose Hébert. Des années où nos relations ont d'ailleurs été des plus harmonieuses. Il lui est même arrivé de partager la scène avec moi quelques années avant qu'il ne nous quitte.

Vous entretenir sur ma vie privée m'obligera à en revivre les moments les plus pénibles. Ce ne sera sans doute pas une sinécure, mais je me souviendrai aussi de tant de merveilleux moments… Et puis, comme je vous l'ai mentionné au début, on le fait correctement ou on ne le fait pas. Alors allons-y…

Une précision, cependant, avant de commencer : comme je suis avant tout un musicien, j'ai senti le besoin d'être assisté dans l'écriture de ce livre. J'ai donc fait appel à un écrivain et journaliste de Radio-Canada que je connais depuis plus de 30 ans, Denis-Martin Chabot. Il a travaillé pour Radio-Canada pendant 32 ans et, durant toutes ces années, j'ai toujours été fasciné par la rigueur, le sérieux et la qualité de ses reportages. De plus, j'ai lu une de ses œuvres, et sa plume m'a séduit. Alors, que demander de mieux !

Chapitre 1

Des bas pour mitaines!

— On appelle ça un père absent.

C'est en ces mots que Richard Abel décrit son père, Claude.

Son absence s'est fait sentir à des moments cruciaux de la vie du petit Richard, dont sa première communion et sa confirmation.

Claude Abel a été un homme aux mille et un métiers, dont celui de chauffeur de taxi. En ce temps, Richard était encore un enfant. Son père conduisait des taxis la nuit. Il n'était donc pas souvent à la maison. Et pour bien d'autres raisons, dont il sera question plus loin dans ces pages.

Il gagnait peu d'argent. Lorsqu'il en avait, il le gaspillait. Il faisait la fête avec ses copains. Il buvait. Il buvait beaucoup. Trop.

Au fil des ans, la marijuana s'est ajoutée à son cocktail. Il en cultivait à la maison et faisait sécher le tout dans le four au grand dam de sa conjointe.

Selon la mère de Richard, Jacqueline, Claude était alors un homme immature et irresponsable. Ses deux enfants, Richard et son frère cadet Yvon, qui a deux ans et demi de moins que lui, ont beaucoup souffert de ce père absent et de ses dépendances.

— Au début, nous étions pauvres, très pauvres même, racontent Richard et sa mère.

— Quand Richard est venu au monde, poursuit Jacqueline, nous habitions dans un tout petit logement d'une pièce, rue Saint-Zotique, près de la rue Saint-Denis. Il ne faisait pas plus de 12 pieds sur 12 pieds. Il n'y avait qu'un lit, un bureau, une table à manger et deux chaises. J'avais installé un poêle électrique à deux ronds sur la même table. Peux-tu imaginer deux adultes et un bébé dans ça ? demande Jacqueline, indignée. Et nous n'avions pas de toilette personnelle. Il fallait en partager une commune à plusieurs appartements.

La mère de Claude demeurait rue Saint-Denis.

— J'allais souvent regarder la télévision chez elle, ajoute Jacqueline.

La jeune femme était justement chez sa belle-mère lorsque, enceinte de Richard, elle a eu ses premières contractions. Elle est retournée chez elle, et, comme d'habitude, Claude n'y était pas. Elle a dû se rendre à l'hôpital sans lui, par ses propres moyens. Claude est rentré à cinq heures du matin. Jacqueline était déjà partie. Il est allé la rejoindre.

— L'accouchement a été long et difficile, affirme Jacqueline.

Or, son conjoint et elle ne se sont jamais entendus sur l'heure de la naissance de leur fils. Est-il venu au monde à cinq heures du matin ou du soir ? Jacqueline estime qu'elle a été en travail pendant plus de 24 heures. Pour Claude, c'était plutôt 12 heures.

— Quel beau garçon il était ! déclare Jacqueline fièrement. Si seulement nous avions eu les moyens d'acheter un appareil photo pour nous faire des souvenirs !

La pauvreté les empêchait aussi de se procurer une poussette. Jacqueline devrait promener l'enfant dans ses bras.

Richard a beaucoup d'humour, ce qui a beaucoup aidé tout au long du processus d'écriture de ce manuscrit, car cela a allégé l'ambiance pas toujours gaie. Voici un exemple : quand on lui demande combien il pesait à sa naissance, du tac au tac il répond :

— Je pesais 10 livres, mais après ma circoncision 5 livres et 8 onces !

Comme il est né le 1er avril, il ajoute :

— À cette date, on se fait souvent jouer des tours, alors imaginez quand c'est votre anniversaire en plus ! Des tours pendables, j'en ai eu plus qu'à mon tour !

Richard se souvient qu'au début de sa carrière, un ami se faisant passer pour un réalisateur de la station de radio CKAC à Montréal l'appelle au téléphone. Celui-ci lui offre de remplacer le comédien et pianiste Roger Joubert pour faire répéter les autres comédiens de la très populaire émission *Festival de l'humour*. Monsieur Joubert était, semble-t-il, fatigué de devoir mener les répétitions. Richard, trop heureux d'avoir obtenu un premier gros contrat, enfile ses plus beaux habits et se rend directement sur place pour rencontrer ses nouveaux employeurs. Or, la réceptionniste qui l'accueille ignore complètement de quoi il parle. Richard rencontre enfin le directeur de la programmation de la station qui lui dit que non, il n'a jamais été question de remplacer Roger Joubert, ne serait-ce que lors des répétitions.

— C'est le 1er avril, monsieur Abel. Je crois qu'on vous en a joué une !

Richard est retourné bredouille chez lui. Sur le coup, il n'a pas trouvé la blague très drôle, mais plus tard, il a avoué que c'était bien réussi.

Parlant de mauvais tours, il est de coutume de s'en faire en tournée lors de la dernière représentation. Ainsi, lors de la dernière d'une série de spectacles au Casino de Montréal, on lui en a joué tout un. Après sa performance, Richard a toujours très soif et demande, lorsque c'est possible, un verre de jus de fruits glacé avant d'aller rencontrer ses fans. On lui a donc apporté un bon jus d'orange bien froid que Richard avale d'un trait comme d'habitude. Pendant qu'il boit, il remarque dans le fond du verre quelque chose qui ressemble à un zeste d'orange et qui s'approche de sa bouche. Comme Richard vient pour le mordre, il se rend compte à la dernière seconde que c'est le dentier du régisseur Émile Campanello.

Mais revenons au petit Richard. Lorsque Jacqueline a donné naissance à son deuxième et dernier enfant, Yvon, elle vivait dans un autre appartement minable. C'était une maison de chambres dont elle et Claude étaient les concierges. Ils n'avaient donc pas de loyer à payer. Par contre, leur logement était situé juste au-dessus d'une taverne. Les autres appartements étaient loués à des alcooliques dont Claude et Jacqueline devaient percevoir le loyer mensuel. Ce n'était pas une tâche facile, car chez les personnes aux prises avec l'alcool, l'assiduité n'est pas la qualité première. En plus, il fallait assurer l'entretien de l'édifice, dont deux escaliers et un long corridor que Jacqueline lavait à la main et à quatre pattes.

Heureusement, ils habitaient en bordure du canal Lachine, près d'un pont à levier qui laissait passer les gros bateaux. Le petit Richard consacrait beaucoup de temps à les regarder.

— C'était notre seul passe-temps, car nous n'avions pas de téléviseur.

Puis, déménagement de la famille Abel dans un autre logement minable, rue Darling.

Dans le fond de la cour, il y avait un appartement abandonné. Jacqueline allait y arracher des morceaux de vieux prélart et elle sciait l'extrémité des planches des marches. Elle mettait tout ça dans un poêle à bois pour se chauffer.

— Je tirais la table sur laquelle je lavais Yvon vers le poêle pour qu'il n'ait pas froid, ajoute-t-elle.

Mais les restes de l'appartement abandonné se sont vite épuisés.

Elle devait donc porter son manteau à longueur de journée à l'intérieur, tellement elle avait froid. Elle plaçait aussi un réchaud à café à ses pieds.

Un jour, un voisin qui avait pris les Abel en pitié est venu leur porter des bûches.

— Je pleurais tellement j'étais contente, confie la mère de Richard.

Le dépanneur du coin leur faisait crédit. Jacqueline remboursait ses dettes avec les sommes minimes que son mari lui donnait.

— Il me donnait deux piastres ici et là.

Quand elle le pouvait, elle s'achetait des photos-romans.

— C'était mon seul luxe et mon seul *désennui*.

À l'âge de six ans, Richard se retrouve avec sa famille dans un appartement d'un quartier de Montréal que l'on appelait Tétreaultville, au coin des rues Fletcher et Souligny à Montréal-Est. Ils y resteront sans électricité pendant plusieurs mois. À l'époque, le bien-être social n'existait pas. Claude avait fait appel à la Loi Lacombe sur le dépôt volontaire. Cette loi permettait aux gens endettés comme lui d'éviter la faillite en s'entendant avec la Cour sur une consolidation des dettes et un plan de remboursement. Il devait alors remettre à la Cour un montant mensuel déterminé. Avec ce qui restait, il n'avait plus les moyens de payer un compte d'électricité.

— Madame Lépine, notre voisine d'en bas, nous a pris en pitié, se rappelle Jacqueline.

Elle invitait madame Abel à faire cuire ses repas chez elle. Quand c'était prêt, elle avertissait Jacqueline en tapant au plafond avec son balai.

Pour s'éclairer le soir, Jacqueline envoyait Richard acheter des chandelles chaque jour dans un dépanneur de la rue Hochelaga.

En rentrant de l'école, en première année, Richard accompagnait ses petits amis jusque chez eux. Quand ils entraient dans leur maison, il jetait un coup d'oeil pour voir ce qu'il y avait à l'intérieur. Il était épaté parce que les gens avaient l'électricité. Et avec ça, de la lumière et, surtout, un téléviseur. Il aurait tellement aimé entrer et regarder des émissions avec eux.

— On ne m'invitait pas, se rappelle-t-il. Je suppose que je n'étais pas assez bien habillé. J'avais probablement l'air trop pauvre. Mais lorsque nous sommes jeunes, on ne réalise pas vraiment ce qui nous arrive.

Cela explique que, de nos jours, Richard se fait un devoir d'être toujours bien vêtu. Il tient à bien paraître. Il fait même souvent appel à un habilleur pour ses spectacles.

— C'est pratiquement toujours le même depuis plus de 20 ans, Aimé Chartier. Je suis fidèle à mes gens et, avec les années, ma gang est devenue ma deuxième famille !

Un soir, Claude a découvert par hasard que la lumière fonctionnait dans un placard. L'électricité provenait probablement de l'appartement voisin. Le père de Richard, un *patenteux* hors pair, a alors réussi avec des extensions à éclairer un peu le logement. Des fils pendaient partout dans les pièces.

Et les Abel ont pu enfin avoir leur propre télévision.

— La première émission que je me rappelle avoir regardée, c'était *Bobino*, précise Richard.

Mais cette petite éclaircie n'a pas duré. Claude Abel avait la mauvaise habitude de ne pas payer ses loyers. Alors, la famille a dû déménager une autre fois. Elle n'est pas allée bien loin, seulement deux rues plus à l'est, une petite maison sur la rue Souligny au coin de la rue Contrecœur, près des voies ferrées. Quand les trains étaient arrêtés, faisant fi du danger, Richard s'amusait avec ses petits amis à passer en dessous des wagons, entre les roues.

Combien de temps les Abel sont-ils restés rue Souligny ? Richard ne s'en souvient pas clairement. Sa mère non plus. Ils déménageaient si souvent qu'il leur est difficile de se rappeler, 50 ans plus tard, la chronologie exacte.

— Encore une fois, nous avons dû nous pousser de là parce que papa n'avait pas payé le loyer depuis des mois. Nous sommes partis en catimini en pleine nuit.

Et voilà les Abel partis vivre dans une cabane à Greenwich, un ancien quartier de la ville de Mascouche. Située au bord d'un lac artificiel, la cabane servait de *shack* à patates frites l'été quand les gens de la région venaient profiter du soleil. On y servait des frites, des hot-dogs, des friandises et des sodas. Depuis, le lac a été renfloué, et, de nos jours, on y trouve une école et le parc Le Rucher.

La cabane appartenait à un ami du père de Richard, un dénommé Jean-Yves Pouliot, pour qui Claude et Jacqueline avaient souvent travaillé durant les étés précédents, justement dans ce casse-croûte. Claude avait donc pris un arrangement avec monsieur Pouliot. Celui-ci voulait aider les Abel.

— Le temps que tu te sortes du trouble, avait-il dit à mon père, tu pourrais habiter dans la cabane.

Faire habiter cette vieille cabane par des amis le gênait. En même temps, ça l'arrangeait. Il leur demandait de veiller sur sa cabane pendant l'hiver, car il avait peur que quelqu'un la défonce et vole le petit peu qui y était entreposé, comme la friteuse et le frigo pour garder l'eau gazeuse au frais.

— Il ne faisait pas juste ça pour mon mari, ajoute aujourd'hui Jacqueline. Je soupçonne qu'il avait un petit béguin pour moi, car il faut dire que j'étais une belle femme à l'époque. Je dis ça en passant…

Un autre problème : monsieur Pouliot devait couper l'eau pour la saison froide, car la tuyauterie n'était pas isolée et aurait pu geler et causer de gros dégâts.

— Pas d'eau pendant l'hiver ! Y pensez-vous ? Et avec deux jeunes enfants, par surcroît ! s'exclame Jacqueline.

Pas d'eau, pas de toilettes.

— Nous faisions nos besoins dans une chaudière que nous vidions dehors, le plus loin possible de la cabane, raconte Richard.

Il faisait si froid qu'il leur fallait porter des bottes à l'intérieur, sans quoi ils se gelaient les pieds.

Quand Jacqueline balayait, elle envoyait la poussière dans les craques du plancher.

— Nous pouvions même voir la neige sous la cabane entre les planches, ajoute Richard.

Un voisin leur fournissait l'eau potable qu'ils allaient chercher en traîneau avec une grosse chaudière. Sinon, Jacqueline faisait fondre de la neige dans une cuve sur un poêle à l'huile. C'était habituellement pour donner le bain aux enfants.

Inconscients de la situation plutôt misérable de leur famille, Richard et Yvon étaient surtout épatés de constater que deux pieds de neige ne donnaient que quatre pouces d'eau.

La mère de Richard utilisait des boîtes d'oranges vides dans lesquelles elle rangeait le peu de vaisselle que la famille possédait. Un autre ami qui travaillait dans la construction lui a ensuite fabriqué une armoire.

Une seule pièce servait de chambre pour les parents et les deux enfants. Claude et Jacqueline avaient installé deux lits superposés. La mère faisait dormir ses deux fils dans celui du haut, car il y avait tellement de rats qu'elle avait peur que ceux-ci les mordent. Pendant la nuit, elle leur lançait des souliers pour les éloigner.

N'ayant pas de jouets, Richard trouvait des rats morts congelés sous la cabane avec lesquels il s'amusait. Il en lançait un au chien qui le rapportait, tandis que sa mère frappait dans la fenêtre en lui faisant signe de ne pas jouer avec ça.

Les proches de Jacqueline n'étaient pas au courant de ce que cette dernière vivait. Comment auraient-ils pu le savoir puisque personne ne les visitait ? Seulement quelques membres de la famille de Claude venaient très rarement les voir. Un jour, la mère de Claude a été surprise que sa bru l'accueille avec un sourire.

— « Comment peux-tu sourire dans ces conditions ? » m'a-t-elle demandé, raconte Jacqueline. Comment aurais-je pu faire autrement ? Il faut croire qu'à un moment donné, tu fais preuve de résilience sans vraiment le vouloir.

C'est à ce moment que Richard et sa famille ont été les plus pauvres. Cet hiver-là, Richard portait de vieux bas aux mains parce que ses parents ne pouvaient même pas lui acheter des mitaines. Lorsqu'il arrivait près de l'école, il les retirait et les cachait.

— Je préférais me geler les doigts, se rappelle Richard.

Mais des camarades de classe s'en étaient quand même rendu compte et se moquaient de lui.

Il y a quelques années, le Club des petits déjeuners de Sainte-Thérèse a demandé à Richard de participer à un concert bénéfice. Dans son discours lors de la conférence de presse pour présenter l'événement, Richard a souligné l'importance du petit déjeuner pour les enfants et le fait que l'organisme faisait tout pour assurer l'anonymat des enfants qui recevaient cette aide alimentaire. Pour éviter que ceux-ci soient humiliés.

— Je peux vous dire que si votre organisme avait existé dans mon temps, j'y aurais fait appel, a alors déclaré Richard. Puis, je vous félicite de votre engagement à protéger la confidentialité des jeunes. Vous leur évitez d'être humilié de devoir manger grâce à la charité des autres, parce que moi, je le sais ce que c'est que d'être humilié…

Ce jour-là, il avait été incapable de retenir ses larmes. Il en verse encore aujourd'hui lorsqu'il se remémore toutes ces années de pauvreté. Ses yeux se remplissent d'eau à nouveau. Il peine à trouver ses mots.

Mais l'époque de la cabane à Mascouche n'a pas seulement été douloureuse pour Richard, il a aussi failli perdre la vie.

L'incident survient à l'époque du dégel, au printemps. Les routes de terre sont boueuses. Sur le chemin de la maison, l'auto de son père, dans laquelle Richard se trouve, s'est enlisée. Débrouillard et ingénieux, Claude va chercher du bois sec dans la forêt environnante pour désembourber son véhicule. Ce faisant, il laisse le moteur tourner alors que Richard est à l'intérieur, et comme c'était un vieux *bazou*, il y avait des trous dans le plancher qui laissaient entrer le monoxyde de carbone.

— C'est arrivé comme si de rien n'était. J'observais papa au loin. Puis, sans éprouver aucun malaise et sans m'en apercevoir, je suis parti.

Au retour de son père, Richard est évanoui, ses doigts sont crochus. Claude sort immédiatement son fils et le prend dans ses bras pour le ramener à la maison, abandonnant la voiture. À l'air frais, Richard reprend connaissance. Son père lui demande s'il va mieux et s'il peut marcher. L'enfant fait signe que oui. En le déposant à terre, Claude constate que Richard ne peut se tenir sur ses jambes et doit l'emmener dans ses bras jusqu'à la maison. Richard semble s'en être sorti sans séquelles, mais à la blague il dit que lorsqu'il fait une connerie, il se demande toujours si cet incident ne lui a pas brûlé quelques neurones de trop !

Monsieur Pouliot avait commencé à construire une nouvelle résidence en face de chez lui, mais sa conjointe et lui préféraient finalement rester où ils étaient. Il donna donc aux Abel le chantier de sa nouvelle maison. Après avoir passé l'hiver dans la cabane, les Abel ont pu emménager dans la maison en construction de monsieur Pouliot. C'était un beau cadeau ! Mais quel cadeau ! La demeure qui leur était offerte était loin d'être terminée. Elle ne consistait qu'en des fondations et une partie de la charpente.

Et quel travail pour la rendre habitable! Ils ont dû monter des murs, un toit, installer des portes et des armoires. Il n'y avait absolument rien d'autre, pas de murs ni de laine minérale.

Comme ils n'avaient pas d'argent, ils recyclaient tous les matériaux de construction qu'ils pouvaient trouver ou que les voisins leur donnaient.

— Ma mère et moi retirions les clous des planches et devions les *redressir* pour les utiliser de nouveau. Quand tu es rendu à recycler de vieux clous, c'est que tu n'es pas bien riche!

La maison n'avait pas non plus de toilettes ni d'eau courante. Il fallait se servir de la pompe à eau extérieure du voisin. Elle était difficile à utiliser, Richard pompait l'eau, mais elle ne montait pas immédiatement. Il fallait déployer de gros efforts. Richard s'est plus d'une fois éreinté pour que sa famille puisse boire de l'eau.

— J'ai vu la même pompe dans la série télévisée *Les Filles de Caleb*. Mais ça se déroulait à la fin du 19ᵉ siècle, début du 20ᵉ… Pas en 1960!

— C'était censé être notre maison, soupire Jacqueline. Nous avons dû partir parce que mon mari n'était jamais là, et que rien n'avançait.

Claude Abel avait aussi commencé à fréquenter l'hippodrome Blue Bonnets. Au fur et à mesure qu'il gagnait de l'argent, c'est là qu'il allait le gager.

Le père de Richard passait des heures à inscrire minutieusement les résultats des courses dans un cahier pour les étudier. Il cherchait à en découvrir le «système». Comme beaucoup d'autres hommes qui jouaient aux courses, il croyait vraiment qu'elles étaient organisées par les propriétaires de chevaux et qu'il suffirait de trouver le fameux système pour gagner.

Claude ne perdait pas tout le temps. Il lui arrivait de gagner un petit montant ici et là. Alors, il expliquait à Jacqueline :

— Tu vois, ça marche, mon affaire. Je viens de percer le secret de leur système.

Et quand il se remettait à perdre, il disait que trop de monde avait trouvé, comme lui, le fameux système. Et que les organisateurs s'en étaient rendu compte et l'avaient changé.

Autrement, Claude prétendait avoir obtenu un « tuyau », d'une de ses connaissances ou d'un autre chauffeur de taxi qui savait quel cheval devait gagner.

Évidemment, il a perdu beaucoup, beaucoup plus d'argent qu'il n'en a gagné. Stress financier bien arrosé d'alcool, dans une maison en éternel chantier, l'ambiance était toxique.

Les Abel étaient vraiment pauvres.

— C'était particulièrement difficile aux fêtes, parce qu'on voyait les autres enfants recevoir des cadeaux. Et nous ne recevions pas grand-chose, se rappelle Richard.

Un des premiers cadeaux qu'il a reçus était un tube rempli de briques rouges, de la marque *Kiddicraft*, un concurrent des *Lego*, mais qui avait obtenu beaucoup moins de succès. Richard a beaucoup joué avec ces briques.

Bien des années plus tard, le chanteur Martin Deschamps l'a invité à participer à une émission spéciale de Noël, *Les Étoiles de Martin Deschamps*. Richard et lui s'étaient rencontrés lors d'une tournée en 2006 à Paris et à Lyon au profit de la recherche sur la paralysie cérébrale. C'est à cette occasion, avec Martin, que Richard a pris la première bière de sa vie.

— Je lui ai mentionné, comme ça, l'histoire de mon premier cadeau, les briques *Kiddicraft*.

Pendant l'entrevue, on lui a apporté un exemplaire du même jouet.

Richard a pleuré.

— J'ai même créé un malaise sans le vouloir, car j'ai pensé que c'était un cadeau. Martin Deschamps et le réalisateur, voyant ma réaction, auraient bien voulu me l'offrir, mais le producteur avait eu ça chez un type qui louait des accessoires de film et comme celui-ci demandait plusieurs centaines de dollars…

Chapitre 2

L'alcool rend parfois l'homme semblable à la bête

Claude a aussi été physiquement violent avec ses enfants, bien que cela n'ait pas duré longtemps.

— En plus d'être un homme irresponsable, Claude devenait aussi violent lorsqu'il buvait, affirme Jacqueline. Il était dur même avec nos chiens quand il fallait les punir.

— Pourtant, il les aimait, ajoute Richard, mais je sais aujourd'hui que c'était la façon de faire dans le temps. On donnait une raclée aux enfants qui n'obéissaient pas. Pas surprenant que les animaux étaient inclus dans ce « rituel ».

À cette époque, donner une correction à ses enfants faisait partie des tâches d'un père responsable. Combien de fois avons-nous entendu cette phrase contée si souvent par nos ancêtres : « Attends que ton père arrive, tu vas manger toute une volée » ?

Lorsqu'un jour, Richard lui a présenté un mauvais bulletin scolaire, Claude, croyant qu'il devait prendre ses responsabilités de père, a défait sa ceinture et a infligé une correction à son fils. Le même soir, Jacqueline a piqué une crise quand elle a vu les marques et les ecchymoses sur le corps de son garçon. Elle a fait des remontrances à son mari.

Cela n'a pas duré longtemps pour Richard. Par contre, son frère Yvon y a goûté.

— En y pensant bien, je crois aussi que mon père ne savait pas gérer ses émotions. Quand mon frère, ma mère et moi nous nous blessions ou étions malades, il criait après nous au lieu de nous réconforter. C'était comme si, à cause de blessures psychologiques de jeunesse, il s'était interdit à tout jamais de montrer sa douleur, sa peine, ses angoisses. Il faut dire qu'il ne l'a pas eu facile étant jeune. Claude n'avait que 14 ans quand son père était décédé de façon tragique et il avait été placé dans un orphelinat. Jacqueline avait aussi perdu son père alors qu'elle n'était qu'une enfant. Nous y reviendrons un peu plus loin.

Claude avait beaucoup de difficulté à contrôler sa consommation d'alcool. Et plus il buvait, plus il devenait violent, comme une vraie bête. Il l'était envers sa conjointe.

Richard a déjà surpris ses parents dans le salon. Sa mère était étendue par terre, son père, assis sur elle, la frappait à grands coups de poing. Elle criait.

— C'était épouvantable. Moi, je protégeais mon petit frère en le cachant derrière moi. Maman criait d'aller chercher la police. Mon père nous disait d'aller dans notre chambre. Nous, on ne savait plus qui écouter entre les deux, relate Richard. C'était insoutenable !

Une autre fois, Jacqueline coupait des légumes avec un petit couteau. Les parents ont commencé à se chamailler, et Claude voulait lui faire lâcher le couteau. Dans l'altercation, ils se sont coupés. Il y avait du sang un peu partout…

— C'était horrible, dit Richard. J'ai gardé des séquelles de tout ça. Lorsque, de nos jours, je regarde les nouvelles à la télévision ou que je surfe sur Facebook, dès que quelqu'un élève la voix et qu'il est prêt à se battre, ça me met dans tous mes états.

Jacqueline raconte qu'à d'autres moments, elle se protégeait en couchant sa tête sur la table de cuisine, tandis que Claude continuait à la frapper par en dessous.

— Je me souviens aussi d'avoir vu papa tenir la tête de maman sous son bras et la frapper de l'autre main, poursuit Richard.

Elle avait tellement peur de lui. Elle devait pleurer en cachette pour ne pas le provoquer. Souvent, elle attendait qu'il s'endorme.

Claude a déjà pris Jacqueline par le cou et lui a dit en désignant la trachée :

— Regarde, j'ai juste à appuyer ici et c'est fini…

Jacqueline a laissé son mari plusieurs fois pour se réfugier avec les enfants chez sa mère.

— Elle nous a nourris. Elle a même habillé mes enfants. Mon mari, lui, ne leur a jamais acheté une paire de bottines.

Ainsi, un jour, après avoir battu sa conjointe, Claude s'était endormi, en ayant pris soin de mettre des bûches dans les portes de la maison parce qu'il craignait que la police ne fasse irruption pendant son sommeil pour l'arrêter.

Jacqueline est sortie par la porte arrière en larmes.

— J'ai pris mes jambes à mon cou. C'est fou ce que l'adrénaline peut faire. J'ai couru jusqu'à la rue Jarry où il y avait un poste de taxis, environ l'équivalent de deux pâtés de maisons.

Elle s'est rendue chez sa mère. Elle a appelé la police, mais comme c'était un vendredi avant un long week-end, les agents n'ont pas voulu la rencontrer tout de suite.

— J'avais le visage tout boursouflé, dit-elle. Ils m'ont dit : « Photographiez ça avant que ça désenfle, puis venez nous voir mardi au poste pour déposer votre plainte. » Imaginez !

Pour sa part, Claude a confié à Richard qu'il a dû, lui aussi, un jour, porter plainte à la police. Lors d'une autre dispute avec Jacqueline, celle-ci s'est défendue en lui rentrant des ciseaux dans le ventre.

Chaque fois qu'elle quittait Claude, Jacqueline devait revenir parce que celui-ci le prenait très mal et lui faisait des menaces.

Dans ce temps, quelle aide avait-elle ? Il n'y avait pas de bien-être social, et les maris n'avaient aucune obligation légale en cas de séparation. Or, elle avait quand même deux jeunes enfants.

Jacqueline affirme d'ailleurs qu'elle avait épousé Claude par obligation, car elle était enceinte de Richard, et non par amour.

— Quand on me demande s'ils se sont aimés, il m'est difficile de répondre clairement, précise Richard. Probablement oui, mais une chose est certaine, ils étaient complètement incompatibles. À la longue, ils sont devenus toxiques l'un envers l'autre, et nous, les enfants, en subissions naturellement les conséquences.

Jacqueline avait pourtant bien entendu dire que Claude faisait des crises lorsqu'il était célibataire. La mère de Claude a même dû appeler la police à quelques reprises parce qu'il était en colère et lançait des chaises à bout de bras sur les murs.

— C'est pour cela que je suis usée aujourd'hui. Je serais bien plus en forme que cela. Mais j'ai tellement été usée par les émotions, soupire Jacqueline.

Un jour, à 14 ans, Richard a essayé d'intervenir pour qu'une dispute cesse entre ses parents. Mais son père a tué dans l'œuf l'initiative du fils. Il s'est alors avancé, le poing levé.

— As-tu quelque chose à dire, toi ?

Richard a eu peur et il s'est tu. Et il a continué d'obéir.

Richard appelle ça le phénomène de l'éléphant. Quand l'animal est petit, on l'attache à un piquet en fer. L'éléphanteau n'est pas assez fort pour s'en défaire. Rendu grand, il pourrait arracher son attache facilement, comme il pourrait traîner trois, quatre ou cinq roulottes attachées à lui. Il ne le fait pas par conditionnement… comme les enfants de Claude ont été conditionnés à ne rien dire. Mais, contrairement aux éléphants, l'humain est capable de penser, et, comme nous le verrons plus loin, à l'âge de 25 ans, Richard a finalement agi.

Cette relation malsaine entre ses parents a duré longtemps parce que Jacqueline n'arrivait pas à partir. Elle incarnait le cas typique du syndrome de la femme battue. Elle a tenté souvent de s'en aller, mais elle revenait chaque fois.

Avait-elle le choix ? Elle était pauvre et avait deux bouches à nourrir.

Cette situation infernale n'était pas sans grandement inquiéter la mère de Jacqueline...

— Pauvre maman, ce qu'elle a dû endurer pour nous aider, mes enfants et moi !

La mère de Jacqueline était analphabète. Elle ne savait même pas écrire son nom. Elle signait les documents d'un X. Elle faisait de l'entretien ménager chez des gens plus riches pour gagner sa vie.

Des prêteurs à gages poursuivaient encore Claude parce qu'il empruntait pour jouer aux courses. Finalement, ils s'en sont pris à Jacqueline. Ils lui téléphonaient et la menaçaient de vider sa maison.

— Je disais : « Non, monsieur », raconte Jacqueline, « ce ne sont pas mes meubles, je demeure chez ma mère, vous n'avez pas le droit de faire ça. »

Ce qui ne les empêchait pas de poursuivre Richard et Yvon dans la rue et de les harceler. Richard n'avait que neuf ans.

Claude, lui, s'était enfui une fois de plus dans le Vermont avec son frère. Il avait déniché un petit emploi là-bas.

De son côté, ayant pu mettre les pieds chez General Electric, Jacqueline gagnait un salaire normal. C'est ainsi qu'elle dut rembourser les dettes de son ex-conjoint. À même ses payes !

— La dernière fois, raconte-t-elle, j'ai pris 60 piastres sur ma paye de 75 dollars et j'ai dit : « Tiens, qu'on n'en entende plus parler ! »

Claude était aussi très jaloux. Par exemple, lorsque Jacqueline travaillait comme serveuse pour arrondir les fins de mois, elle avait parlé à un de ses clients qui offrait des cours d'anglais à domicile. Elle aurait aimé en suivre, cela l'aurait aidée à trouver un meilleur emploi. Elle lui avait donné son nom, mais quand il est venu cogner à la porte, Claude l'a jeté dehors.

— Il m'a mariée niaiseuse et il voulait me garder niaiseuse, dénonce Jacqueline.

Tout a changé quand elle a dû consulter des spécialistes à l'Institut de cardiologie parce qu'elle avait des problèmes de cœur, probablement à cause du stress que lui causait son mari. Elle a alors raconté ce qu'elle vivait à un psychanalyste et à un cardiologue. Ceux-ci lui ont conseillé de partir. Il y allait de sa santé. Un travailleur social attaché à l'institut lui avait déjà trouvé un refuge pour femmes battues.

— J'ai commencé à vivre quand j'ai été toute seule. J'ai découvert le monde, enfin. J'avais 45 ans, déclare Jacqueline.

— J'avais 25 ans, intervient Richard, j'avais quitté la maison familiale depuis plusieurs années pour voler de mes propres ailes. Et il était temps que je quitte cette situation malade, pour me guérir et me dévouer à ma carrière.

Il se rappelle ce jour, en début d'après-midi, où sa mère l'a appelé. Elle était en pleurs à la suite d'une nuit fort agitée avec son mari…

— À ce moment-là, précise Richard, il ne la frappait presque plus probablement parce que la présence de mon frère, étant lui aussi devenu adulte, l'intimidait un peu… Et maman avait appris des façons de faire qui limitaient les escalades de violence. Par contre, les disputes aux propos ultra-violents faisaient toujours rage.

Ce jour-là, la voix tremblante, elle lui dit qu'elle n'était plus capable, que c'était fini, que cette fois était la bonne. Elle a ajouté qu'elle savait où aller, qu'elle avait trouvé un refuge pour les femmes dans sa situation. Elle a demandé à son fils de venir la chercher. Elle partait donc, définitivement.

Jacqueline a-t-elle eu une révélation ?

Ou Richard ?

Ou les deux en même temps !

Depuis le temps que Richard espérait que tout cela cesse. Il s'est dit qu'il était temps de s'en mêler.

— Bien malgré moi, j'avais dû faire l'autruche pendant des années. Il fallait bien faire face à la musique un jour, précise-t-il.

Richard est donc allé prendre sa mère chez elle. Elle lui a demandé de la conduire dans un restaurant McDonald situé près du métro Longueuil. Il lui fallait la laisser là et s'en aller.

— Il fallait absolument que je parte, dit Richard, et que je n'essaie pas de savoir où elle allait, car l'adresse du refuge devait demeurer secrète. Sinon, les maris jaloux pourraient s'y présenter et faire des dégâts.

Après le départ de Richard, quelqu'un est allé chercher sa mère pour l'emmener à ce refuge.

— Je n'ai pas su pendant quelques années où elle se trouvait. Elle m'appelait de temps à autre, pas plus, continue Richard.

Il a appris beaucoup plus tard qu'elle s'était réfugiée à Sainte-Julie.

Mais Claude ne l'a pas pris du tout. Lorsqu'il s'est rendu compte que sa femme n'était plus à la maison, il a harcelé tout le monde pour savoir où elle était. Des voisins qui avaient vu Jacqueline partir avec deux valises lui ont dit qu'elle était montée dans un véhicule blanc. Comme Richard venait d'acheter sa première auto neuve, une Pontiac 1981 de couleur blanche, son père a vite fait le lien.

Richard, certain que son père débarquerait un jour, l'attendait de pied ferme.

— Je m'étais préparé à cette rencontre et j'étais même prêt à me battre avec mon père s'il le fallait. Et ça, ça se sentait dans mon regard, dans ma voix et dans mon langage corporel.

Claude a frappé à la porte. Richard a ouvert. Dans l'entrée menant à son appartement, il y avait deux marches, il était plus haut que lui.

Juste à le voir et à sentir son haleine, il sut que son père avait bu.

— C'est toi qui es venu chercher ta mère ? a demandé Claude.

Richard lui a appris qu'il l'avait emmenée dans un McDonald. De là, elle était partie dans un refuge pour femmes battues. Il n'en savait pas plus parce que ces endroits demeuraient secrets.

— Là, papa, il faut que ça cesse, lui a alors dit Richard. Si tu veux absolument qu'on se batte, je peux bien m'essayer. Moi, je ne suis pas un batailleur, toi, tu l'es. Tu vas avoir le dessus, mais si c'est ça que ça prend, bien, on va se battre.

Mais ça ne s'est pas rendu là.

Claude a répondu d'un ton rageur :

— Ce qui se passe entre ta mère et moi, ce n'est pas de tes affaires.

— Vous êtes comme deux coqs qui s'entretuent. Puis, oui, ce sont mes affaires, parce que vous êtes mes parents.

— Tu ne l'emporteras pas de même.

Il est reparti sans dire rien de plus.

Puis, Claude a tout fait pour retrouver sa femme. Il savait que Jacqueline adorait Robert Redford, dont elle voyait tous les films. Il stationnait sa voiture non loin de la sortie du cinéma où elle avait l'habitude d'aller pour épier les gens qui en ressortaient dans le but de voir si sa conjointe était là. Selon Richard et sa mère, Claude a toujours affirmé qu'il aurait « tiré à vue » sur Jacqueline.

Un jour, il a même essayé de tromper une préposée de l'aide sociale. Il lui a dit qu'un médecin venait d'appeler pour donner les résultats de tests pour son ex-femme et qu'il devait la voir. La préposée a été vigilante et ne lui a pas donné l'adresse.

Il s'en est pris aussi à ses deux enfants.

— Je ne peux pas croire que vous ne savez pas où est votre mère ! leur lançait-il.

Pendant ce temps, Jacqueline se cachait. Après être demeurée un temps au refuge, elle avait été relogée. En fait, elle se cachait dans un meublé au sous-sol d'une maison à Longueuil.

Puis elle est revenue à Montréal, où elle est demeurée en chambre chez des amis de son frère. Elle s'est trouvé un emploi de serveuse et son salaire lui a permis de payer son loyer de 60 $ par mois. Grâce à ses pourboires, elle a pu se ramasser un peu d'argent.

Elle a aussi suivi des cours de dactylo.

— Quand je me suis finalement séparée de lui, explique Jacqueline, quand j'ai fait le grand saut, je n'avais pas de métier. Je ne savais rien faire, parce qu'il me tenait confinée.

Claude a continué longtemps à vouloir se venger. Il avait une carabine dans le coffre de son auto.

— Si je la vois sur la rue, je la tire à vue ! menaçait-il.

Et le drame a failli vraiment éclater un an plus tard tandis que Richard donnait un concert, un des premiers de sa carrière, à l'église Sainte-Gemma, rue Holt, tout près de la rue d'Iberville à Montréal. Le curé, Jacques Guilbeault, qui est maintenant décédé, aimait bien Richard et il le faisait travailler aussi souvent que possible, notamment lors de plusieurs activités organisées à son église dont des bals en blanc, des partys d'Halloween et des réveillons du Jour de l'An.

Jacqueline avait décidé de venir au concert après avoir lu un petit article qui l'annonçait. Elle avait décidé de prendre ce risque parce qu'elle était sans nouvelles de son mari depuis un an. Elle était accompagnée de son frère et des amis qui la logeaient.

À la fin de la première partie, Richard jouait un *medley* de Joe Dassin, quand son père a fait irruption dans l'église, ivre et tenant une canette de bière à la main. D'abord, les spectateurs, trop concentrés sur la musique, n'ont rien vu, ni le curé ni le bedeau qui se tenaient de chaque côté de la porte arrière.

Claude cherchait sa femme.

— Où elle est, la *tabarnak* ? a-t-il alors lancé.

Il jurait sans gêne en pleine église.

— Je me suis retourné vers lui, les spectateurs aussi, relate Richard. Mon cœur s'est mis à battre la chamade. Mon sang n'a fait qu'un tour. Tout cela s'est déroulé en quelques secondes seulement, et je ne suis pas sûr de l'ordre des événements.

D'abord, les gens étaient stupéfiés. Ils ne savaient certes pas que l'homme était le père de Richard. À leurs yeux, il avait l'air d'un soulon qui traînait dans le voisinage et que la musique avait attiré à l'intérieur de l'église. Le gars semblait chercher sa femme ou sa blonde. Le public a trouvé ça drôle et a éclaté de rire.

— Cela nous a probablement évité le pire, commente Richard.

Claude était en compagnie d'un gars qui donnait l'impression d'être sorti fraîchement de prison, prêt à tuer le premier qui l'aurait contredit. Il s'est planté devant l'assistance et a pointé du doigt le frère de Jacqueline comme pour dire à son complice :

— Lui, passe-le à tabac !

Jacqueline s'est retournée brièvement. Puis elle s'est cachée en se penchant.

— Je tremblais, mais je ne voulais pas te traumatiser, Richard, et gâcher ton spectacle, précise-t-elle aujourd'hui.

Le curé et le bedeau sont alors intervenus pour intercepter les deux hommes agités. En empoignant Claude pour l'empêcher de faire du grabuge, le curé a constaté qu'il cachait une carabine sous son imperméable.

Venait-il vraiment pour tirer sur la mère de Richard ? Ou voulait-il seulement l'intimider ? Qui sait ! Dans le tumulte des événements, on a préféré ne rien risquer. Il fallait sortir Mme Abel de là. Mais cette dernière craignait que Claude ne la rattrape une fois rendue dehors.

Le frère de Jacqueline a pris les choses en mains. Pendant l'entracte, avec l'aide de quelques amis, il a fait emmener sa sœur en catimini dans la sacristie. Elle a pu alors sortir par la porte qui donnait sur la ruelle. Le bedeau l'a ensuite fait passer de l'autre côté de la clôture entourant la propriété de la Fabrique. Il a même dû installer une table pour l'aider. Jacqueline a pris ses jambes à son cou pour s'éloigner le plus vite possible de l'église et de son ex.

— J'ai laissé un message, ajoute-t-elle. Je leur ai demandé : « Dites à Richard que je ne peux pas rester ! »

Elle n'a donc pas vu la deuxième partie du concert.

Perturbé au plus haut point, Richard a quand même repris sa performance en essayant de toutes ses forces de faire comme si de rien n'était. Ce n'était certainement pas facile. En se rappelant cet épisode, Richard aime faire l'analogie avec le canard qui a l'air de flotter gracieusement sur l'eau si on ne voit pas les pattes sous l'eau qui, dans son cas ce jour-là, se débattaient farouchement afin de contrecarrer les forts courants négatifs du moment.

— Il faut avoir vécu un drame semblable pour comprendre, explique-t-il. J'ai dû me concentrer, essayer de sourire et continuer. C'est à ce moment que j'ai réellement compris ce que veut dire : *The show must go on !*

À partir de là, tout a changé.

Avant, quand ses parents se disputaient, c'était sans lende-main. En fait, le lendemain, quand Claude était de nouveau sobre, il regrettait ce qu'il avait fait ou dit. Ils pleuraient un bon coup. Tout le monde passait l'éponge. Et c'était fini jusqu'à ce que ça recommence quelques jours plus tard.

Cette fois, non. C'était trop pour Richard. C'était la pro-verbiale goutte qui avait fait déborder le vase.

— En plus de toute la terreur qu'il avait causée, il avait aussi saboté mon spectacle, dit-il. Aujourd'hui, j'en donne une cinquantaine par année, mais dans ce temps-là, je prenais un an pour en monter un.

Claude était allé vraiment trop loin. Pourtant, comme si rien ne s'était passé, il a rappelé son fils le lendemain.

— Allô, Richard ! C'est ton père.

Sans savoir pourquoi, de façon spontanée et sans même avoir prémédité ses paroles, Richard a répondu :

— Je m'excuse, monsieur, vous avez composé un mauvais numéro. Moi, je n'ai plus de père.

Contrairement aux autres fois où il se disputait âprement avec Claude, Richard a gardé un ton étonnamment calme et froid, pour ne pas dire glacial.

— Des années plus tard, j'ai réalisé que c'était la meilleure façon que j'avais trouvée pour le forcer à changer, raconte Richard. Et ça a marché, mais ça a pris du temps.

Claude a continué à le rappeler, et, chaque fois, Richard répondait qu'il n'avait pas de père. Il le vouvoyait même, comme s'il était un étranger, un simple commis voyageur qui venait proposer une balayeuse, à qui il répondait qu'il n'avait pas besoin d'un nouvel aspirateur.

— Avant que j'aille chercher ma mère le jour où elle l'a quitté, précise Richard, les chicanes, les coups, les pleurs, tout ça faisait partie de mon quotidien. Ça m'attristait, mais je vivais avec ça.

« Tous les amis que mon père s'est faits dans la deuxième partie de sa vie auront certainement de la difficulté à croire que c'est le même homme qu'ils ont connu, ajoute Richard. Ils ne savent pas que mon père a eu comme deux vies, celle du temps qu'il consommait et celle d'après. Il lui arrivait d'avoir des petites rechutes ici et là, mais ça n'avait rien à voir avec le passé. De plus, il ne touchait plus à la marijuana, alors plus de cocktails explosifs dans son cas. »

Richard a donc renié son père pendant quelques années.

Entretemps, Jacqueline est venue demeurer avec son fils dans un grand appartement de 10 pièces, rue De Bullion. Il ne lui faisait pas payer le loyer, mais, en retour, elle s'occupait de l'entretien. Elle travaillait aussi dans un restaurant. C'est ainsi qu'elle a pu se mettre de l'argent de côté pour s'acheter des meubles et tout ce qui lui manquait.

— J'ai tout recommencé à zéro, dit Jacqueline.

Un soir de Noël, alors que Richard, Yvon et leur mère réveillonnaient, on a sonné à la porte. Richard l'ouvrit grâce à un mécanisme à distance. Claude était là avec deux cadeaux dans les mains. Il les a déposés sur les marches, un pour son frère et un pour lui.

— Vous avez peut-être plus de père, mais moi j'ai encore deux enfants, a-t-il dit avant de ressortir.

Le geste et les paroles avaient ébranlé Richard. C'était comme dans un film avec une petite neige qui tombait du ciel.

— Si j'avais été réalisateur de film, j'aurais tourné la scène telle quelle… Tout y était, le décor, la véracité des propos, la réaction des « acteurs »…

Il a cependant fallu encore quelques années avant que ce dernier ne renoue avec son père.

Claude s'est présenté chez son fils lors d'un autre réveillon de Noël, alors que Richard avait invité plusieurs amis, des musiciens et des chanteurs. Le père de Richard n'était plus le même homme. Il était devenu membre d'Alcooliques anonymes et il s'était repris en main.

— Ça nous a demandé du temps avant d'y croire, poursuit Richard. Nous nous attendions à ce qu'il fasse une rechute à tout moment. Or, il fallait se rendre à l'évidence qu'il n'était pas retombé dans l'alcool. Il s'était fait une nouvelle compagne, une femme que je considère comme extraordinaire, Rose Hébert. Il n'avait enfin plus l'intention de tuer ma mère ni de lui faire du mal. Lorsqu'il s'est présenté chez moi, j'ai eu, l'espace de quelques secondes, un moment de panique. Par contre, en voyant mon père sobre avec quelque chose dans son regard qui n'inspirait plus de rancœur, je l'ai laissé entrer. Il s'est présenté à chacun de mes invités. Maman était inquiète, et mon frère tout autant, sans doute. Il s'est tout simplement assis parmi les invités, la musique et les chansons ont repris. Quand un rock and roll s'est fait entendre, je me suis mis à danser avec maman. Tout à coup, mon père s'est levé et m'a enlevé maman pour danser avec elle. Il m'a dit : « Regarde ! Ton père va te montrer comment on danse un vrai rock and roll ! » J'ai eu de la difficulté à contenir mes larmes. Pour la première fois depuis je ne sais plus combien d'années, nous étions tous réunis pour Noël, mon frère, ma mère, mon père et moi, sans drame, sans dispute, sans bataille. J'en ai pleuré le lendemain, et je pleure encore chaque fois que je raconte cette histoire.

Richard conclut aujourd'hui que Claude et Jacqueline n'étaient pas compatibles, et pourtant, qu'ils avaient beaucoup en commun, à commencer par leurs origines.

Claude était issu d'une famille de cinq enfants. Il avait perdu son père à l'âge de 14 ans dans un tragique accident.

La tragédie avait fait les manchettes des journaux à l'époque. Le grand-père rentrait avec un bouquet de fleurs à la main dont il allait faire cadeau à sa femme.

Le conducteur du tramway avait vu un homme courbé, mais il discutait avec une femme qui l'a sans doute distrait. Or, c'était le grand-père de Richard qui, en traversant les voies, avait laissé échapper ses fleurs. Il s'était penché pour les ramasser et il était tombé. Le tramway l'a happé. Il est mort. L'accident a eu lieu dans la « côte Amherst » entre les rues Sherbrooke et Ontario.

La famille, n'ayant pas les moyens pour retenir les services d'un avocat, n'a jamais pu intenter une action en justice pour négligence. Il y avait pourtant bien des témoins.

Et Claude, le père de Richard, a été placé au désormais célèbre orphelinat Saint-Arsène.

Quant au père de Jacqueline, il était décédé lui aussi soudainement, dans des circonstances étranges. Il avait mangé des sandwichs au rôti de porc froid lors d'une partie de cartes avec des amis. À son retour à la maison, il ne se sentait pas bien. Il s'était alors mis à faire quelques étirements. Puis, il s'était assis sur une chaise pour en tomber, mort.

Âgée de 10 ans, Jacqueline, qui a été témoin de l'événement, ne comprenait pas ce qui se passait. Son père venait de mourir d'une crise cardiaque. La mère de Jacqueline, qui ne savait ni lire ni écrire, a dû faire des ménages pour nourrir ses enfants.

Donc, les parents de Richard ont tous les deux subi la perte de leur père en bas âge. Et les deux venaient de milieux très modestes.

Photo de mariage de mes parents, Claude et Jacqueline. Qu'ils sont beaux, n'est-ce pas ! Maman m'a raconté qu'étant trop pauvre pour s'acheter une robe de mariée, elle a dû emprunter celle de sa cousine, un peu trop grande pour elle...

Je tiens mon petit frère Yvon dans mes bras. J'avais à peine 3 ans et lui 1 an.

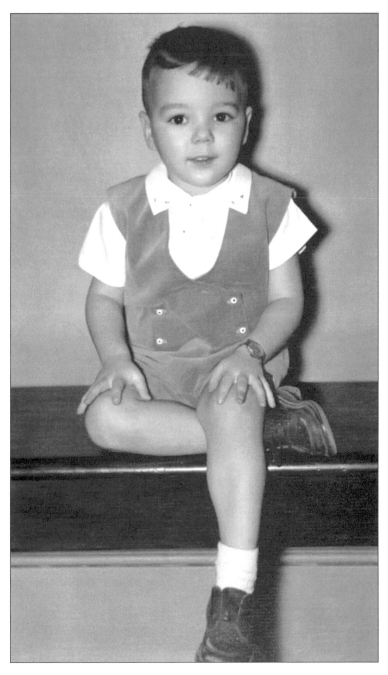

À 3 ans, sur le banc de piano de ma grand-mère.

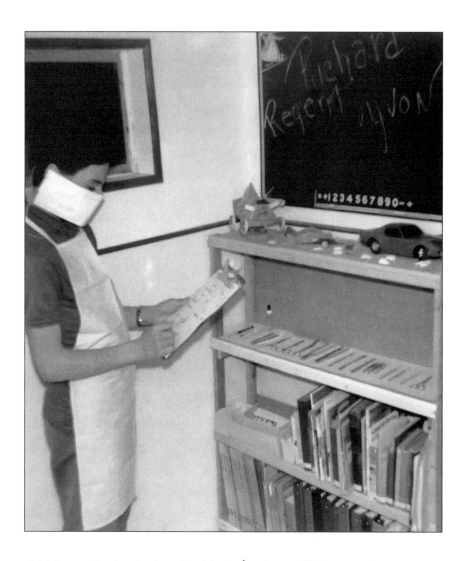

J'ai 14 ans et je rêve de devenir médecin. À voir mon déguisement, je prenais ça très au sérieux ! Sans compter mes « instruments chirurgicaux » (avec lesquels je disséquais déjà des grenouilles, des souris…), mes livres de biologie et mon encyclopédie médicale. La photo a été prise chez les Hachey, ma deuxième famille d'accueil.

Mon jeune frère et moi au piano de ma grand-mère. J'ai environ 15 ans et mon frère environ 13. S'il avait persévéré, il aurait été un bon pianiste. Il m'a fait une sérieuse compétition pendant quelques années !

Ma carte d'étudiant lorsque j'étais en 10e année (qui correspond aujourd'hui à la 3e secondaire).

Ma première photo officielle. J'avais 23 ans. La moustache était pour me vieillir un peu… Quelle ironie ! Aujourd'hui, comme plusieurs personnes de mon âge, je fais tout pour paraître plus jeune !

Avec Johane, la dernière copine que j'ai eue. Nous étions fiancés. Que j'aurais donc aimé que ça fonctionne entre nous, car c'était une fille merveilleuse et une excellente pianiste qui m'a beaucoup secondé au début de ma carrière.

Chapitre 3

Face à la musique

Quand ça allait trop mal, quand Claude la *brassait* trop, que ce soit physiquement ou mentalement, Jacqueline se retrouvait souvent chez sa mère où il y avait un piano et il lui arrivait d'en jouer. Alors, pour Richard, qui n'était qu'un petit garçon, la terre arrêtait de tourner. Elle jouait deux ou trois morceaux, à l'oreille, car elle ne savait pas lire la musique. Les enfants s'asseyaient à terre et ne disaient plus rien. Ils ne faisaient qu'écouter.

— Je ne faisais pourtant que pianoter, dit Jacqueline.

— Ce qui sortait de cet instrument était tellement beau, se souvient Richard. J'étais en extase devant maman.

C'est définitivement elle qui lui a donné le goût d'en jouer.

Il y avait dans ce temps une émission à la télévision avec Liberace, le vendredi vers 21 heures, que Jacqueline écoutait religieusement. L'émission ne durait que 15 minutes, mais c'est elle qui avait rendu Liberace célèbre.

— Richard était assis devant le téléviseur et il l'observait avec tellement d'attention ! précise-t-elle.

Lui-même ne se le rappelle pas, mais puisque sa mère le dit, il croit que ça doit être vrai. Par contre, la première vedette que Richard se souvient d'avoir vue, c'est Michèle Richard qui chantait *Je suis libre*!

Mais l'heure de la liberté n'a pas encore sonné pour Richard. Vers l'âge de 14 ans, il a été placé dans une famille d'accueil pendant deux ans. La raison? Ses parents déménageaient trop souvent, et leurs enfants devaient changer d'école trop fréquemment. Sans compter les disputes et la violence. Un tableau peu reluisant qui commençait à se refléter sur les résultats scolaires des garçons.

Richard a vécu dans deux foyers d'accueil. Dans la première famille, il était malheureux, car la mère était injuste et méchante envers lui et son frère.

— Bien des années plus tard, j'ai appris que son mari était amoureux de ma mère et qu'elle s'en rendait compte. C'était nous, les enfants, qui en payions le prix. Et comme le type faisait un bon prix à ma mère, son épouse avait conclu qu'il fallait bien économiser ailleurs.

Donc, pour Richard et son frère, elle coupait le lait avec de l'eau, en deux parts égales, alors que leurs quatre enfants avaient droit à du lait normal. Et tandis que les deux jeunes «placés» n'avaient droit qu'à un seul biscuit, leurs propres enfants en avaient autant qu'ils en voulaient.

Richard et Yvon prenaient leur bain dans la même eau, qui avait d'abord été utilisée par le garçon de la famille d'accueil.

— Je vivais encore sur le mode de l'humiliation. Un jour, en arrivant de l'école, j'ai raconté ce que j'avais appris dans mon cours de physique à propos des atomes. Ils m'ont puni parce que, d'après eux, j'aurais voulu faire mon «frais» et insinuer que leurs enfants étaient mal instruits.

Heureusement, Richard a trouvé une autre famille d'accueil, chez Maria et Camile Hachey de Mascouche, où, pour son frère et lui, la vie est devenue beaucoup plus agréable.

— On mangeait bien. On nous traitait merveilleusement bien, de la même façon que le reste de la famille. Le seul hic était que nous devions tous nous coucher très tôt, soit à 20 h. Pour des gars de 14 ans, c'est tôt! C'est peut-être pour ça qu'aujourd'hui j'aime me coucher aussi tard.

Richard a gardé le contact avec les Hachey. Il leur sera à tout jamais reconnaissant pour leurs bons soins.

Pendant qu'ils étaient en famille d'accueil, Richard et Yvon pouvaient revenir voir leur mère toutes les deux semaines. Lors des visites, Richard voulait tellement entendre sa mère jouer du piano, ça lui manquait. Mais elle n'avait pas de piano là où elle habitait. Il fallait attendre aux fêtes chez la grand-mère maternelle.

Parlant de fêtes, Richard désirait ardemment un petit magnétophone à cassettes. C'était le genre d'appareil à posséder, un *must* à cette époque. Or, sa mère travaillait chez General Electric qui en fabriquait. Après une longue négociation, il avait réussi à la convaincre de lui en faire cadeau pour Noël. Ce serait aussi son cadeau d'anniversaire et de Noël de l'an prochain. Il avait juré qu'il ne demanderait rien d'autre parce que cet appareil était très cher. Sa mère, en tant qu'employée à General Electric, avait droit à un rabais et elle pouvait payer à même son salaire et étaler le remboursement sur plusieurs semaines. Sans quoi, elle n'aurait certes pas pu l'acheter.

C'est ainsi que Richard a pu enregistrer sur ses premières cassettes quand celle-ci jouait chez sa propre mère qui possédait un piano. Des enregistrements qu'il chérissait.

— Quand j'arrivais de l'école à Mascouche, raconte Richard, je descendais au sous-sol où j'avais mon petit coin à moi. Je pesais sur le bouton « play » et maman jouait juste pour moi!

En écoutant l'enregistrement, il s'évadait, se connectait avec sa mère et oubliait, l'espace de quelques instants, toute cette misère, cette extrême pauvreté, les humiliations qu'il avait vécues et les injustices dont il avait été victime. Entre autres, il se rappelle un dur souvenir. En quatrième année, à l'école René-Goupil dans le quartier Saint-Michel, lui et ses confrères de classe avaient été victimes d'une enseignante psychopathe d'une méchanceté incroyable.

— Elle nous donnait plus de leçons que nous ne pouvions en retenir et cela lui permettait de nous frapper le lendemain avec une règle « spéciale » à chaque réponse inexacte. Il fallait voir le sinistre plaisir qu'elle y prenait. Elle nous cachait sur le côté de la classe pour ne pas se faire voir. Nous devions garder la main devant nous, si nous l'enlevions, la pénalité était un autre coup additionnel. Trois mauvaises réponses, c'était trois coups, sans compter les pénalités. Nous étions une douzaine et ce jeu sordide pouvait durer plus d'une demi-heure. Je serais curieux de savoir si finalement elle a été dénoncée, ne serait-ce que des années plus tard, par des confrères.

Un jour, dans la cour d'école, elle s'était amusée à resserrer le foulard de Richard. Elle l'avait serré si fort qu'elle l'avait presque étouffé. Elle s'était mise à rire, un rire névrosé, démoniaque, se souvient-il.

— J'en avais parlé si souvent à maman, poursuit Richard, qu'elle est finalement intervenue à l'école. Par la suite, je ne me rappelle plus qu'elle m'ait frappé, mais elle n'a pas cessé pour autant avec les autres. Elle prenait davantage de plaisir avec les plus costauds… Dans le temps, ce n'était pas comme aujourd'hui. De nos jours, ça serait dénoncé et elle serait immédiatement relevée de ses fonctions. Surtout avec les téléphones intelligents ! Un seul appareil du genre dissimulé, et ça mettrait fin à la carrière de cette cruelle psychopathe en un rien de temps. Elle serait passée aux nouvelles du soir et aurait fait la une des médias sociaux.

Mais revenons à la musique. Inspiré par sa mère, Richard rêvait de jouer comme elle, mais il dut attendre jusqu'à l'âge de 14 ans pour commencer ses leçons de piano.

— Dans ce temps-là, la norme populaire était plutôt : les filles apprennent le piano et les gars apprennent à jouer au hockey !

Habituellement, les grands pianistes commencent beaucoup plus tôt, soit à l'âge de cinq ou même quatre ans.

— En plus des cours offerts à l'école, j'ai suivi des cours de piano privés en cachette avec des religieuses du coin.

Il y avait dans la famille un musicien, un gars sympathique et drôle. Il avait un sens de l'humour particulier.

— Malheureusement, il était alcoolique à un stade avancé, explique Richard. Il est d'ailleurs décédé d'une cirrhose. Il était accordéoniste dans des bars de troisième ordre. Il a entre autres fait les belles années du cabaret Carabin, rue Ontario. Bref, il avait noirci l'image du musicien aux yeux de plusieurs, dont mes parents. C'est pourquoi, quand je leur ai demandé de suivre des cours, au début, ils ont dit non.

Les cours particuliers de Richard coûtaient 7 $ pour une demi-heure seulement. Pour les payer, il livrait des commandes en vélo pour la pharmacie Mayrand, rue Bélanger, près de la 26e avenue. Il gagnait un dollar l'heure. Il bossait donc pendant sept heures pour se payer une seule leçon. Et ce n'était pas du travail facile. Il en pédalait un coup pour y arriver !

En revenant de l'école, il arrêtait à l'église au coin de la 24e rue et Beaubien. Il y avait, au sous-sol, un vieux piano droit. La religieuse s'était entendue avec le curé pour qu'il puisse y avoir accès. Et le midi, il exerçait sur celui de son école.

Jacqueline remarquait qu'il tardait à rentrer à la maison. Richard répondait qu'il jouait avec ses amis.

— Je ne voulais pas lui dire. Je voulais lui faire une surprise quand je serais prêt.

Cette année-là, à Noël, les Abel sont chez la grand-mère maternelle. Comme chaque fois, Jacqueline s'est installée au piano et joue avec son frère Philippe qui est à l'accordéon. Quand le piano s'est libéré, Richard s'assoit et joue un menuet de Bach.

— Mon Dieu, Jacqueline, tu ne nous avais pas dit que Richard jouait du piano! note une des tantes présentes.

— Quelle chance as-tu! lance une autre.

— Nous aimerions tellement avoir un enfant qui joue du piano! s'exclament d'autres encore.

Sa mère, tout aussi étonnée, leur répond qu'elle ne le savait pas non plus! Elle vient aussi de comprendre pourquoi Richard rentrait tard après l'école.

— C'est ainsi que j'ai pu avoir l'approbation de mes parents pour continuer de prendre des leçons, conclut Richard.

« En autant qu'il n'en fasse pas un métier », disaient-ils.

Quelle ironie du sort!

Richard Abel n'a pas eu même 25 cents pour apprendre le piano de la part de sa famille ou de qui que ce soit. Il a tout financé lui-même.

— D'un côté, je trouve ça correct. Ça nous apprend à apprécier davantage. Combien de jeunes élèves ai-je connus qui se faisaient tout payer par leurs parents, les cours et leur piano? Le père ou la mère venait même les conduire à leur leçon. Au bout du compte, ils n'étaient pas sérieux du tout! Quand c'est toi qui dois travailler dur pour te payer quelque chose, eh bien, tu l'apprécies peut-être un peu plus.

Le dicton a certainement été vrai pour Richard Abel: quand on veut, on peut. On est prêt à faire les sacrifices qui s'imposent.

Comme il n'avait pas la permission de ses parents de devenir musicien, il a entrepris d'étudier en médecine, un domaine qui le fascinait. D'ailleurs, Richard a retrouvé une photo de lui à l'âge de 15 ans, déguisé en médecin avec quelques instruments chirurgicaux.

Lors d'activités parascolaires, il disséquait des grenouilles, des souris, et d'autres animaux. Il alla jusqu'à étudier la biochimie au cégep.

Mais ses notes n'étaient pas assez bonnes, et il manquait beaucoup de cours. Pour financer ses études, il avait commencé à travailler à l'école de chant de Roger Larivière qui était « le » professeur de chant populaire par excellence au Québec avant l'arrivée de Lucille Dumont. Roger Larivière a été le professeur de chant de Ginette Reno, Mimi Hétu, Michel Pilon, Claude Steben, Pierre Lalonde, Chantal Paris, Danielle Ouimet, France Castel et des Jérolas entre autres. Monsieur Larivière était fier de dire à qui voulait l'entendre qu'il avait également donné des cours de pose de voix à l'ancien Premier ministre Pierre Elliott Trudeau.

Richard avait décroché cet emploi grâce à une chanteuse dont monsieur Larivière était le professeur. Richard jouait alors dans des messes rythmées. Roger Larivière était venu l'entendre, et l'avait découvert.

— Du jour au lendemain, je me suis retrouvé avec ces grandes vedettes, ajoute Richard.

Il travaillait fort et tard pour monsieur Larivière, et sa tête n'était plus à la médecine.

Lors d'un cours de biochimie, le professeur expliquait que l'acide adénosine triphosphorique, l'ATP, entre dans la composition d'un muscle, et quand le muscle se contracte, il libère un groupe de phosphates qui devient diphosphorique au lieu de triphosphorique — ADP au lieu de ATP. Cela a à faire avec l'énergie. Le professeur s'est rendu compte que Richard n'écoutait pas, car sa tête était ailleurs.

— Le soir même, j'entrais en studio pour enregistrer un 45 tours avec la chanteuse Julie Arel — qui a connu de grands succès dont la superbe chanson *Kamouraska* de Michel Conte. Je me questionnais à savoir si c'était plus joli d'ajouter, dans un de ses passages, un accord de ré mineur avant le sol majeur pour se rendre à la tonique de do majeur. C'est à ce moment que je me suis rendu compte que ma tête n'était plus à la médecine.

C'est alors qu'il abandonna les cours qui l'auraient mené à la médecine pour se consacrer à sa vraie passion, la musique.

Et le voilà parti pour étudier à l'École normale de musique à l'Institut Marguerite-Bourgeoys à Westmount.

Très Westmount !

Richard n'y était vraiment pas à sa place. D'abord, il ne portait pas de vêtements griffés ou du dernier cri comme les autres. Il jurait dans ce décor de riches, lui, le petit gars qui venait d'un milieu pauvre.

— Et je manquais d'instruction. Mes parents ont eu beau faire tout ce qu'ils ont pu, ils n'avaient pas les moyens de nous offrir une belle grosse bibliothèque remplie de connaissances. En fait, nous n'avions aucun livre. Nous n'avions pas, non plus, de disques de musique classique. Je l'admets, mon éducation au point de vue scolaire et culturel laissait vraiment à désirer. D'ailleurs, j'ai dû faire du rattrapage pour reprendre toutes ces années perdues.

À l'École normale, on le regardait à peine. Personne ne venait lui parler. Il mangeait seul à la cafétéria.

— J'avais probablement l'air trop pauvre pour qu'ils s'abaissent à m'adresser la parole.

C'était humiliant. Et de l'humiliation, il en avait déjà eu plus que son lot dans sa jeunesse.

Malgré cela, il réussit à se lier d'amitié avec Louis Lortie, déjà un génie à l'époque, qui est devenu un grand pianiste. Sa brillante carrière internationale l'a mené à Los Angeles où il vit désormais. Il était plus jeune que Richard, mais il faisait plus vieux. Il était la vedette à l'École normale de musique, l'élève le plus avancé de l'école. Et il y donnait deux concerts par année, dont un à Noël.

Richard Abel venait d'acheter sa première automobile. Elle était d'occasion bien sûr, il ne l'avait payée que 200 $, et, compte tenu de sa situation financière, ce fut aussi son premier prêt à la banque. Il a fait des jaloux parmi les amis de Louis parce qu'il le ramenait souvent chez lui après les cours.

— Je n'ai pas fait bien longtemps là, continue Richard, une seule session. J'ai abandonné tout ça à Noël.

Des amis ont alors invité Richard à les rejoindre au cégep Saint-Laurent où « se passaient les vraies affaires », disaient-ils. Il y avait là une plus grande ouverture d'esprit. On pouvait aussi étudier de la musique plus populaire comme le jazz. Il y avait même une harmonie du genre *big band*.

L'établissement était très fier d'un de ses professeurs, le pianiste de l'Orchestre symphonique de Montréal de l'époque, Armas Maiste, que l'on surnommait Art Maiste. Il était considéré comme un génie. D'ailleurs, on l'invitait même dans des émissions populaires pour qu'il y exécute des numéros incroyables. Il avait une grande ouverture d'esprit et, outre la musique classique qui dominait sa vie, il aimait beaucoup jouer du jazz et accompagnait de grands artistes de l'époque. Pour lui, comme pour le grand Guy St-Onge, toutes les musiques méritaient d'être jouées lorsqu'elles étaient bien composées et bien interprétées. On ne pouvait avoir accès à ce professeur qu'en deuxième année de cégep. Or, Richard, après avoir réussi à passer une audition, avait été accepté sur-le-champ. Il avait obtenu une dérogation spéciale pour étudier avec Art Maiste en première année.

— Je me rappelle lui avoir joué le thème du film *Le parrain*, *The Godfather*, de façon concertante en lui faisant, comme introduction, les premières mesures de l'étude surnommée « *La révolutionnaire* » de Chopin. C'était exactement dans ses cordes d'incorporer des passages classiques dans de la musique populaire.

Pour lui, c'était une façon de casser la barrière entre les deux mondes.

Les religieuses avaient enseigné à Richard la technique de base, mais c'est Art Maiste qui lui a appris ce que Richard appelle la technique de concert qui permet de prendre une pièce simple pour en faire une version concertante.

— Je peux dire aujourd'hui que c'est grâce à l'excellent enseignement de ce grand maître et aux conseils de Liberace que je suis devenu l'artiste que je suis. Je vous raconterai plus loin ma rencontre avec Liberace.

Joane Lefebvre, que Richard fréquentait depuis l'école secondaire, étudiait déjà au cégep Saint-Laurent. L'arrivée de Richard a été l'occasion de retrouvailles. Les deux jeunes gens sont devenus un couple.

Virtuose du répertoire classique, Joane étudiait le piano depuis l'âge de cinq ans.

— Qu'elle avait du talent! reprend Richard. Et elle en a encore. Je me rappelle que nos résultats d'examen de piano étaient affichés au mur des locaux de musique, et Joane, bien sûr, était toujours la première!

Joane se rappelle bien Richard à cette époque, qu'elle décrit comme un petit gars très talentueux, ambitieux à l'extrême, un peu maladroit, mais surtout vaillant, très vaillant.

— Richard n'avait qu'un but, qu'un rêve, dit Joane. Il voulait devenir une vedette, une star.

Elle admirait la détermination de Richard qui travaillait plus fort que les autres pour réussir. Il mettait les bouchées doubles pour y arriver, lui qui avait commencé le piano à l'âge de 14 ans, ce qui, on l'a dit, est tard pour devenir un pianiste accompli. Richard a réussi en bossant, certes, mais aussi grâce à sa détermination et surtout, Joane le souligne aussi, grâce à son talent.

— De la musique, Richard en mangeait, ajoute-t-elle.

Il en rêvait.

Richard cherchait toutes les occasions de jouer devant les gens, de se mettre en évidence.

— La gêne, il ne connaissait pas ça. Il avait un front de bœuf. Il fonçait, continue-t-elle. Parfois, j'aurais voulu me cacher, parce qu'il m'embarrassait.

Joane raconte que son petit ami d'alors approchait les gens d'une façon un peu brutale. Il pouvait ainsi se vanter sans aucune inhibition devant les autres pour obtenir un contrat, pour pouvoir jouer quelque part.

Certains verront cette audace comme un grand défaut, mais Richard était déterminé et voulait réussir. Son enthousiasme était débordant, au risque de déplaire à certains ou d'en froisser d'autres.

Le couple d'amoureux est alors aussi devenu un couple sur la scène. Joane aidait Richard à monter ses nombreux spectacles. Elle l'aidait à faire ses arrangements et elle dirigeait l'orchestre.

Au cégep Saint-Laurent, avec les autres élèves, l'atmosphère était beaucoup plus agréable. Richard faisait enfin partie d'un groupe. Il était accepté.

— Nous étions un gang de *chums*, explique Richard. Tout un paquet d'artistes est passé par là, dont Diane Tell, qui était souvent l'élève qui me précédait à mes cours de piano. Elle ne s'appelait pas Tell à ce moment, mais Fortin. Il y avait aussi Pierre Flynn.

Au même moment, Richard commençait déjà à faire carrière dans le *show-business*. Des articles avaient même déjà été écrits sur lui dans des journaux, ce qui lui valut un passe-droit. Pour la première fois de sa vie, le jeune homme pauvre avait droit à un privilège.

Richard étudiait donc le piano classique dans ses cours normaux, ainsi que le piano jazz — il dira finalement que c'était plus pop que jazz — en privé avec Maiste. Or, dans le cadre du programme d'étude, l'instrument second devait être différent du premier, tel un instrument à cordes comme le violon ou la guitare ou un instrument à vent. Cela avait pour but de donner à l'élève une autre perspective musicale, de le faire sortir de son univers. La direction lui a accordé une permission spéciale et l'a exempté de devoir étudier un deuxième instrument différent, ce qui lui a permis d'étudier seulement au piano la musique populaire et la musique classique.

Mais tout n'était pas rose. Son séjour au cégep Saint-Laurent a coïncidé avec le pire moment de sa vie, car la violence était à son comble entre ses parents. Une professeure, une religieuse, l'avait pris en pitié. Il n'avait pas joué de la semaine à cause de ça, et il lui avait raconté ce qui arrivait à sa mère. La professeure lui avait donné son numéro de téléphone.

— « Si votre mère a besoin d'aide, elle peut venir demeurer chez moi. Je pourrai l'accueillir », m'a-t-elle dit. J'ai encore le cahier de musique avec le numéro de téléphone d'inscrit !

Ce geste l'avait touché.

Mais voilà aussi qui montrait jusqu'à quel point ça n'allait plus dans sa famille.

Richard avait terminé une session complète et il venait de commencer la deuxième quand, à cause de ses problèmes familiaux, il dut abandonner ses études.

Il lui fallait travailler, car ça allait de mal en pis avec son père. Devenu artisan, il détenait en concession la fameuse Cour Saint-Amable dans le Vieux-Montréal. Il y avait son kiosque et il louait des espaces à d'autres artisans. L'argent n'était donc plus le problème principal, mais ses problèmes de consommation et sa violence envers sa conjointe, la mère de Richard, étaient invivables. Tellement que Richard dut s'en aller vivre en appartement. Or, comme il n'avait obtenu ni prêt ni bourse, il travaillait pour payer son loyer et financer l'achat de son automobile ainsi que son entretien.

Il avait des contrats dans les pianos-bars. Il donnait cinq représentations par soir. Or, les heures de spectacles dans les pianos-bars étaient tardives, 22 heures, 23 heures, minuit, 1 heure et 2 heures. Après la soirée, il avait faim et allait avec les collègues et les amis manger au restaurant. Il n'arrivait pas chez lui avant quatre heures du matin.

— Imaginez de quoi j'avais l'air quand j'arrivais au cégep. Je ne rentrais souvent pas avant l'heure du midi. J'avais de la difficulté à me concentrer.

Il était épuisé. Ça ne marchait plus. Il n'arrivait pas à tout faire. Il fallait abandonner.

— Je n'ai donc pas fait d'études formelles comme musicien. Je n'ai pas non plus fait le Conservatoire de musique. Et ça me manque. J'aurais vraiment aimé avoir un diplôme, détenir un papier. Mais je l'ai presque. Quand tu additionnes les six mois à une place et l'an et demi à une autre, c'est une question de quelques crédits. Mais officiellement, non, je ne l'ai pas. Souvent quand on me demande de parler de mes études, je dis: « Oui, j'ai deux ans de cégep ».

Chapitre 4

Je suis ce que je suis, je ne l'ai pas choisi

Pour Richard, Joane était la fille parfaite. Elle était gentille, brillante et jolie. Avec elle, rien n'était compliqué.

Ils s'étaient rencontrés en secondaire V. Ils avaient commencé à se fréquenter alors, mais leurs amours étaient devenues plus sérieuses quand ils s'étaient retrouvés au cégep.

Ils n'étaient pas riches, mais ils avaient la vie devant eux, et surtout ils partageaient la même passion pour la musique. Lors d'un réveillon de Noël, Joane a demandé à Richard s'il était d'accord pour qu'ils se fiancent. Elle lui a fait faire une belle bague en or en forme de piano à queue. Il l'a encore, car c'est pour lui un précieux souvenir.

Ils s'aimaient, ils étaient heureux et ils allaient se marier. Peut-être même avoir des enfants, comme dans les contes de fées.

Or, Richard n'avait pas seulement abandonné le cégep. Il a aussi rompu avec Joane.

— Je l'ai laissée parce que dans les derniers mois de notre relation, j'ai eu une double vie, avoue Richard.

Joane avait bien remarqué qu'il n'était plus le même depuis quelque temps. Un soir qu'il semblait particulièrement bouleversé et contrarié, elle lui a demandé ce qui n'allait pas.

Richard était assis par terre, accoté sur le genou de Joane qui, elle, était assise sur le sofa. Il n'arrivait pas à dire un mot, il pleurait.

Elle lui a demandé s'il avait une autre femme dans sa vie.

Richard a levé les yeux vers elle, remplis de larmes, puis il a dit :

— Si tu savais, Joane ! Non, je n'ai pas d'autre femme dans ma vie.

Elle lui a fait un sourire, son plus beau, se rappelle Richard.

— Ah ! Mon Dieu ! J'ai tellement eu peur, a-t-elle répondu.

Richard s'est remis à pleurer encore plus fort.

— Bien, c'est quoi alors ? a-t-elle demandé. J'espère que tu n'es pas malade. As-tu un cancer ?

— Non...

— Tout est beau donc. Si tu n'es pas malade puis que tu n'as pas d'autre femme dans ta vie, le reste ne doit pas être si important !

Elle est restée bouche bée quand Richard lui a finalement avoué qu'il fréquentait un homme depuis quelques mois, un étudiant en médecine qui faisait son stage à l'hôpital Louis-Hippolyte-Lafontaine. Le gars voulait une relation plus sérieuse et avait donc acculé Richard au pied du mur. Il lui avait posé un ultimatum : c'était lui ou Joane, mais pas les deux en même temps.

— Mets-en ! J'étais en état de choc, raconte Joane. Je ne m'attendais pas à ça. J'étais une fille en amour. Je ne voyais pas ça du tout !

Il y a eu un grand silence. Richard pleurait toujours.

— Si ça avait été une autre femme, j'aurais pu me battre contre ça, mais un gars ! Je ne pouvais rien faire, explique Joane.

Richard aurait voulu continuer de parler, mais elle lui a fait « non » d'un signe de la main. Elle est sortie.

— J'ai appelé le gars, poursuit Richard. Et je lui ai dit : « Bon, tu voulais que je brise sa vie, je viens de le faire. Elle est partie en larmes. Ça fait que toi, va chier. »

Joane est restée amie avec Richard.

— Elle a finalement compris que ce n'est pas moi qui avais choisi cette vie-là. On ne choisit pas d'être gai, pas plus que la couleur de nos yeux. Je n'aurais jamais choisi de lui faire autant de peine. Ça allait bien entre nous, alors pourquoi tout laisser tomber par choix ? J'aurais aimé continuer, car pour moi, c'était la femme parfaite. Je ne lui trouvais aucun défaut, mais ça ne pouvait plus continuer. Que j'ai donc souffert de culpabilité ! Faire ça à une fille aussi merveilleuse que Joane ! Elle méritait tellement mieux.

Encore aujourd'hui, Richard n'est pas vraiment à l'aise lorsqu'il parle de cet aspect de sa vie. Il aurait sans doute préféré passer par-dessus.

— Mais j'ai promis d'être le plus transparent possible et de dire les vraies choses.

En disant la vérité, toute la vérité, il craignait surtout de froisser certains de ses admirateurs, parmi lesquels on compte des personnes âgées. Et selon lui, certaines auraient de la difficulté à comprendre.

Il ne voulait pas nuire à sa carrière.

Son gérant, Michael Roy, n'était pas d'accord.

— Bien non ! Ça ne nuira pas à sa carrière, a-t-il affirmé, parce qu'on est en 2016 ! Les choses ont changé depuis le temps.

Justement, dans le temps, Claude Abel a, lui aussi, eu de la difficulté à accepter l'homosexualité de son fils.

— Je pense qu'il comprenait un peu mieux quand je lui disais les phrases suivantes : je ne l'ai pas demandé d'être comme ça. Je ne l'ai pas plus choisi qu'un enfant qui est né sans bras. Cet enfant aurait de loin préféré venir au monde avec ses deux bras. Eh bien, moi, mon Dieu que j'aurais préféré aimer les femmes, me marier et avoir des enfants ! Ça me manque.

Cette déclaration pose une question fondamentale : Richard Abel s'accepte-t-il ?

— Je m'accepte tel que je suis. Et depuis longtemps. Mais il m'a fallu apprendre à être heureux avec ça.

Richard n'a pas découvert au moment de sa rupture avec Joane qu'il était attiré par les hommes. Il se doutait bien qu'il était différent depuis très longtemps. Mais il a grandi à une époque où il n'y avait pas Internet. Aujourd'hui, en quelques clics, on trouve de l'information sur à peu près tout.

Quand Richard était garçon, il ne comprenait pas ce qui se passait. Ainsi, à l'âge de 15 ans, il ressentait quelque chose pour le fils de la famille d'accueil qui l'hébergeait. Aujourd'hui, il sait que c'était parce qu'il était attiré par lui.

À l'école lors d'une partie de baseball, il avait pratiquement réussi à frapper un circuit.

— Je n'étais pas du tout sportif, alors le hasard a fait que le lanceur a lancé sa balle directement sur mon bâton. J'ai donné un coup, et la balle est partie dans le champ.

Le plus beau gars de son équipe l'a pris par les épaules et lui a dit : « Bravo, *Rick* ! »

— J'avais tellement aimé ça qu'après je me suis entraîné pour être capable de frapper une bonne balle. J'aurais tellement aimé qu'il me reprenne comme il l'avait fait. Mais malheureusement, j'ai eu beau tout donner, ça n'a pas fonctionné une autre fois.

Dans les bus scolaires, les durs à cuire se tenaient toujours à l'arrière. Parmi eux, il y avait un petit mâle, l'alpha du groupe.

— Je faisais tout pour être assis avec lui. J'allais le retrouver dans le fond au lieu de rester en avant.

Maintenant, Richard avoue qu'il le trouvait mignon.

Lors d'un party, avant de rencontrer Joane, la copine qui l'accompagnait alors s'est plainte qu'il ne s'occupait pas assez d'elle. Des amis lui ont dit :

— Moi, *man*, si j'avais une belle fille comme ça, je ne serais pas en train de jaser avec mes *chums*.

Richard ne voyait pas quel était le problème.

Ces situations lui ont fait comprendre petit à petit qu'il y avait quelque chose de différent, d'étrange qui se passait en lui.

— La première fois que j'ai rencontré un mec, je ne savais même pas que deux hommes pouvaient s'embrasser. Imagine !

Quand il a demandé au gars si ça se faisait, il a répondu oui.

— Je lui ai donné un *p'tit « bec de sœur »*. Mon Dieu que j'avais du chemin à faire !

Après sa rupture avec Richard, Joane a rencontré un autre pianiste, qu'elle a épousé et avec qui elle est très heureuse.

Chapitre 5

Michel Louvain, toujours sur son 36

En avril 1976, Richard rencontre le pianiste de Michel Louvain, Maurice Baril. Celui-ci lui apprend qu'il voyage beaucoup, trop même, parce que Michel donne des spectacles partout en région. Il n'en peut plus de vivre dans des valises.

— Je suis plus capable, confie-t-il à Richard. Ça fait sept ans que j'accompagne Louvain. Je sais par cœur quand il va respirer dans une chanson. Je ne ressens plus de créativité, plus rien. C'est rendu une routine. Je m'emmerde là-dedans.

De son côté, Richard travaille à cette époque dans un petit piano-bar gai, au 1160 de la rue Sherbrooke à Montréal.

— J'échangerais bien de place avec toi, propose le pianiste de Louvain.

Évidemment, Richard est d'accord. Accompagner une grande star comme Michel Louvain serait tout un honneur et un avancement dans sa carrière.

C'est ainsi qu'il rencontre Michel Louvain le jeudi 22 avril 1976, à 19 h 30, à la Salle de Bal de l'hôtel Mont-Royal. Richard a conservé l'agenda dans lequel ce rendez-vous est inscrit. Et la première fois qu'il l'a accompagné, c'était à La Seigneurie du Club de golf de Louiseville le vendredi 14 mai 1976.

— Si le premier boulot professionnel de ma vie a été celui de chef d'orchestre de Michel Louvain, dit Richard, cela a aussi été la première grande leçon de ma carrière !

Pour un artiste, un chef d'orchestre n'est pas seulement un bon musicien, mais il doit aussi avoir assez d'autorité pour contrôler les autres membres de l'orchestre tant sur la scène qu'en dehors de la scène.

Dans les cabarets, Michel Louvain donnait une représentation à 23 heures, puis une autre à une heure du matin. Pour la deuxième, un des musiciens de l'orchestre qui buvait trop arrivait parfois ivre. Il ne suivait plus le groupe. Richard devait donc le rappeler à l'ordre et lui interdire de boire entre les représentations. Un soir, il décida de sévir.

— Là, c'est ta dernière bière, lui dit Richard du haut de ses 23 ans.

Le gars l'a regardé et s'est esclaffé.

Aujourd'hui même, Richard ne fait pas son âge, alors c'était encore pire. À 23 ans, il avait l'air d'un petit gars de 17 ou même 16 ans.

Michel Louvain finit par dire à Richard que ça ne pouvait pas continuer, qu'il avait l'air trop jeune.

— Fais-toi pousser une barbe ou une moustache pour avoir l'air plus vieux.

Richard s'efforça donc de se faire pousser une barbichette, mais il n'avait pas plus d'autorité pour autant.

Son embauche auprès de Michel Louvain dura quand même près de sept mois.

Et le destin arrange parfois bien les choses. Ce même musicien qui avait de la difficulté à ne pas répondre à l'appel de la bouteille s'est trouvé par la suite à travailler avec Richard Abel.

— J'avais appris ma leçon. J'avais un peu perdu ma job à cause de lui. Ça fait que je l'avais à l'œil. Il a donc eu à se tenir les fesses serrées.

Richard admirait et admire toujours Michel Louvain. Il était, et il est encore, pour lui, un homme discipliné, un vrai professionnel. Ses spectacles étaient réglés au quart de tour. Il répétait soigneusement ses chansons et s'assurait d'être en pleine forme et d'avoir de la voix lors de ses représentations pour ne pas décevoir son public.

Et que dire de sa tenue vestimentaire ! Toujours sur son 36. Dès qu'il avait enfilé son pantalon pour la scène, il refusait de s'assoir pour ne pas le froisser. Aujourd'hui encore, même s'il passe la plus grande partie de ses spectacles assis au piano, Richard a appris de Louvain à éviter les faux plis.

— L'apparence, c'était important pour Michel ! En tournée, il faisait parfois arrêter l'auto sur le bord de l'autoroute pour aller s'étendre pendant 20 minutes sur le gazon et prendre le soleil afin d'avoir un beau teint basané pour le spectacle du soir. Pendant ce temps, nous, les musiciens, on l'attendait dans l'auto.

D'autres fois, en tournée à Wildwood au New Jersey, quand les musiciens se levaient le matin, Michel était déjà dans la cour en train de faire ses exercices et… de prendre le soleil, bien entendu ! Il était très souple, presque comme un danseur de ballet ou un acrobate. Il pouvait lever la jambe tout droit dans les airs.

— Plusieurs années plus tard, se rappelle Richard, lors d'un party à l'occasion de ma fête à laquelle il participait, je l'ai taquiné. Je parlais au micro devant les invités et je lui ai dit : « Michel, tu te souviens, dans le temps, tu pouvais lever ta jambe bien haut dans les airs. »

Michel a répondu :

— Oui, mais aujourd'hui, elle lève bien moins haut.

Et Richard de répliquer du tac au tac :

— Je ne voulais pas parler de tes problèmes personnels, Michel !

Ils ont tous les deux un bon sens de l'humour et ils ont bien rigolé.

Sur scène, Michel ne s'en laissait pas imposer.

— Moi, je regardais des grands comme lui se démener quand ça n'allait pas bien. C'est de gens comme lui que j'ai appris à m'en sortir quand ça va mal sur scène.

Certains soirs dans l'auditoire, il y avait des maris jaloux de Michel que les femmes avaient emmené de force au spectacle. Certains rouspétaient et le chahutaient.

Que faire quand ce genre d'ennui arrivait ? Michel avait sa technique.

D'abord, il appelait tous les gars Arthur.

— *Eille*, Arthur, comment ça va ? Coudon, qu'as-tu contre moi ? Depuis tantôt, je t'entends bavasser sur moi à chacune de mes chansons. Pourquoi es-tu venu me voir si tu ne m'aimes pas ? Moi, je ne t'ai pas demandé de venir. Si tu n'aimes pas mon spectacle, c'est ton droit. Mais ne dérange pas les autres qui, eux, aiment ça.

Les gens se mettaient à applaudir.

— Les bonshommes sortaient souvent la tête basse, mais une fois, un gars est sorti du club et, à l'aide d'une clé d'auto, a tout égratigné la voiture de Michel…

Après que Michel Louvain eut mis un terme à leur engagement, on proposa à Richard d'accompagner le duo Ti-Gus (Réal Béland père) et Ti-Mousse (Denyse Émond).

— Ils étaient vraiment sympathiques. Et sur scène, ils étaient très drôles. Accompagner des chansons comme *Les maringouins* de la Bolduc, musicalement, ce n'était pas un grand défi pour moi ! explique Richard.

Pour compenser, ils lui avaient fait une offre qu'il n'avait pas pu refuser, soit d'ouvrir la deuxième partie avec ses propres pièces. Il en avait trois.

Richard venait de sortir de ses cours avec Maiste, il avait de la technique. Il éblouissait les gens.

— Comment le trouvez-vous, notre petit pianiste ? lançait Ti-Gus ou Ti-Mousse à leur public. Bien, on va lui demander deux ou trois morceaux pour vous réchauffer un peu.

Un soir, à la suite d'une dispute avec Denyse Émond, Richard a quitté le groupe, mais pas pour toujours…

Chapitre 6

Les variétés et le music-hall

Richard Abel ne chôme pas. Jean Guilda le recrute immédiatement et l'invite à se joindre à sa troupe.

C'est avec Guilda que Richard a fait ses classes, à la plus grande école du *show-business* de sa vie, celle du music-hall.

Pour les plus jeunes qui ne le connaissent pas, Guilda a été un des premiers artistes travestis à avoir fait sa marque au Québec, tout comme il l'avait fait avant, dans une moindre mesure, en France, son pays d'origine. Il était connu pour son humour tranchant et ses toilettes féminines extravagantes. Il imitait parfaitement Marlene Dietrich, Rita Hayworth, Mistinguett, Édith Piaf, Marilyn Monroe, Bette Davis, Lucille Ball. Il réussissait, en se maquillant, à leur ressembler et à imiter à la perfection leurs gestes et leur voix.

Ses spectacles étaient flamboyants et extravagants.

Pour pouvoir faire partie de la troupe, Richard a dû apprendre à danser la claquette, à jouer la comédie, à faire des changements de costumes rapidement, à chanter et à exécuter des chorégraphies.

— J'ai tout appris ça à la dure parce que lorsqu'on est dans une revue de music-hall avec Guilda, on n'a pas le droit à l'erreur, ajoute Richard.

La troupe se produisait dans des cabarets et des salles de concert où le public, s'il n'aimait pas ce qu'il voyait, le faisait vite savoir. Il n'écoutait pas, il parlait fort et il buvait. Il fallait toujours aller chercher son attention.

Pour Richard, c'était *swim or sink*!

— C'était comme de se faire jeter dans une piscine et se faire dire: « Apprends à nager. Pédale si tu ne veux pas caler. »

Richard a vu une chanteuse sortir de scène en pleurant à chaudes larmes parce que les spectateurs parlaient fort, pendant sa performance. Elle n'est plus jamais revenue.

— C'est ça la scène du music-hall, c'est bête et méchant, et ça ne pardonne pas.

Le music-hall, ce n'était pas pour tout le monde, mais Richard a réussi à relever le défi.

Pendant sa première année avec Guilda, il était pianiste-accompagnateur. C'était bien, mais il n'était pas vraiment en évidence.

— Je n'avais pas la chance de faire valoir mon talent, de montrer ce que je savais faire, d'impressionner le public.

Après un an, donc, il a demandé à Guilda de faire partie de la revue, comme les autres. Celui-ci a refusé.

Au même moment, Ti-Gus et Ti-Mousse sont revenus lui demander de jouer pour eux pendant un an. Ils lui offraient une augmentation de son cachet, en plus d'ouvrir encore la deuxième partie. Richard est donc reparti en tournée avec eux.

Jean Guilda est alors revenu à la charge pour le reprendre.

— OK, lui a-t-il dit, tu vas faire partie de ma revue.

Désormais, Richard n'était plus un simple accompagnateur, mais un artiste au même titre que tout le monde dans la revue. Guilda n'avait posé qu'une seule condition: Richard devait continuer à l'accompagner au piano. C'était le seul artiste de toute la revue pour lequel il y avait obligation. Guilda ne chantait jamais en play-back et refusait de le faire sur de la musique enregistrée.

C'était donc un *deal*, et Richard réintégra la troupe.

Jean Guilda avait un sens de la répartie et un sens de l'humour qui ont fait sa renommée. Il était tout simplement brillant.

Un jour, lors d'un spectacle en plein air au Lac-Saint-Jean, Guilda incarnait Marilyn Monroe en interprétant sa fameuse chanson *Je cherche un millionnaire*. En plein milieu de la chanson, Guilda improvisait, comme il le faisait toujours dans ses numéros. Cette fois, il disait que son millionnaire idéal devrait être très vieux, infirme et aveugle de préférence, et il a ajouté :

— Mesdames, dans mon cas, moins il voit et moins il touche, mieux c'est !

Les gens riaient. Puis, il a continué :

— De toute façon, les jeunes ne valent plus grand-chose de nos jours. Vous venez à peine de toucher le *démarreur* qu'ils sont déjà partis, mais ils ne tiennent pas la route longtemps. Parlez-moi d'un bon vieux Ford qu'il faut partir à la main, mais qui peut tenir la route quelques heures !

Comme c'était un spectacle dans un parc, il y avait des spectateurs de tous les âges. Un jeune homme d'environ 17 ans venu à bicyclette et qui, visiblement, ne connaissait pas la vraie nature de Guilda lui a crié :

— Ah oui ! Bien, essaie-moi, tu vas voir que je tiens la route !

Les spectateurs se sont retournés pour le regarder et rigoler. On venait de servir une victime sur un plateau d'argent à Guilda qui rétorqua du tac au tac :

— Tu vas voir que j'ai le clitoris pas mal développé ! Je ne sais pas si tu as vu l'émission de télé *Au-delà du réel* — c'était bien populaire à l'époque. C'est presque de la science-fiction !

— Dans le métier, on appelle ce genre de situation un *show stopper*, poursuit Richard. Le public s'esclaffait, et nous, les musiciens, nous nous sommes littéralement écroulés de rire. Cela a duré plusieurs minutes, tellement nous n'étions plus capables de reprendre. Le pauvre ado a dû être la cible de quolibets pendant longtemps dans son coin !

Quand Guilda chantait, on le sait, il insérait des blagues dans les rimes de ses chansons. Il arrêtait souvent de chanter pour improviser. Ce faisant, il lui arrivait de perdre le cours. Richard devait le rattraper et le ramener là où il était rendu.

Guilda n'aurait jamais pu faire ce genre d'improvisations en utilisant des bandes musicales pour l'accompagner.

— Mais il n'y a que Jean que j'accompagnais, répète Richard. Le reste du temps, je participais aux gags sur scène quand c'était approprié ou je faisais mes propres numéros.

C'est aussi grâce à Guilda que Richard s'est fait vraiment connaître.

Ainsi la troupe avait donné un spectacle à Québec. La critique dans un quotidien de Québec avait été désastreuse, assassine même. L'auteur démolissait tout de la représentation, incluant Guilda et les autres artistes. Par contre, il avait écrit que le seul élément intéressant était le pianiste, Richard Abel. Le lendemain matin, les artistes de la troupe déjeunaient ensemble au restaurant de l'hôtel, comme d'habitude. Quand Richard est arrivé à son tour, ils avaient tous la face longue, alors que, normalement, ça rigolait.

— Qu'est-ce qu'il y a ? a demandé Richard.

— Le journal ce matin, c'est des *mangeux* de marde, a répondu l'un d'entre eux.

Guilda dit alors :

— On sait bien. Toi, tu passes comme dans du beurre.

Richard a alors pris connaissance de l'article.

— Ce que j'étais mal à l'aise vis-à-vis mes collègues ! Par contre, il faut dire que les autres chanteurs, chanteuses, comédiens ou travestis du spectacle chantaient sur des bandes, alors que moi, je faisais de la musique en direct. Je jouais réellement du piano.

Il avait même osé interpréter une *polonaise* de Chopin.

Quand il avait proposé de jouer cette pièce pendant le spectacle, Guilda lui avait fait toute une crise.

— Du Chopin, ça ne se joue pas dans du music-hall, avait-il lancé.

Richard avait répondu :

— Pas de la manière que je vais l'emmener. Je ne commencerai pas avec ça.

Ce soir-là, il joua ses autres pièces, certaines plus rythmées que d'autres. Puis, il dit aux gens :

— Que diriez-vous si je vous interprétais du Chopin ? *La Grande Polonaise.*

L'auditoire s'exclama :

— Ah !

Et les gens se sont mis à applaudir. Richard s'est retourné pour regarder Guilda, comme pour lui dire : tu vois là ?

Il a joué la pièce. À la fin, il a même eu droit à une ovation debout.

Puis il a dit à Guilda :

— Ne viens pas dire que ça ne passe pas.

Richard savait bien qu'il ne donnait pas un récital classique. Il fallait juste présenter la pièce classique au bon endroit, donc ne pas en faire sa première pièce, encore moins sa deuxième.

— Je voulais montrer quelque chose de différent, affirme Richard.

Et c'est pour cela, selon lui, que les journaux ont dit que sa présence dans le spectacle de Guilda était rafraîchissante.

Pour Richard, tous les genres de musique méritent d'être écoutés, et tous les moyens sont bons pour intéresser les gens à ceux qui sont moins connus ou moins populaires.

Chapitre 7

Une amitié par accident

Depuis son enfance, l'argent, ou plutôt le manque d'argent, avait été un tourment dans la vie de Richard.

Et après avoir laissé Michel Louvain, il en avait besoin plus que jamais. Cela, non seulement pour ses besoins de base, logement, nourriture, vêtement et auto, mais aussi parce qu'il rêvait toujours d'une carrière solo, d'être une vedette, il lui fallait se faire un nom. Donc, il devait produire des disques, ce qui coûtait cher aussi. Il venait de produire un 45 tours, mais la diffusion était limitée puisque Richard n'était pas encore très connu.

Il prenait donc tous les boulots qui s'offraient à lui, pour le cachet, oui, mais aussi pour se faire connaître. Et, espérait-il, se faire découvrir.

Il avait décroché un contrat pour jouer lors des brunchs et des soupers au restaurant le Châteauneuf de l'hôtel Plaza de la Chaudière à Hull, maintenant Gatineau. Il y passait pratiquement tous ses week-ends et retournait à Montréal la semaine.

C'est là qu'il a rencontré celui qui est devenu plus tard son bras droit, Alain Constantineau.

Le père de ce dernier était un des gérants de l'établissement, et Alain, qui n'avait que 16 ans, avait la chance de pouvoir y travailler comme *busboy*, plongeur et portier. Il gagnait ainsi de l'argent en prévision des cours qu'il souhaitait prendre à l'école de police.

Le père d'Alain était de service un week-end de temps à autre. Il pouvait alors inviter sa famille à rester avec lui à l'hôtel, ce qui incluait les repas au restaurant, dont un souper au cours duquel Richard acceptait de jouer les demandes spéciales.

— J'étais impressionné. Le gars avait produit un 45 tours. Il jouait à merveille, se rappelle aujourd'hui Alain.

Ce soir-là, il voulait que Richard interprète le thème du film *Rocky*, ce qui n'était certainement pas approprié dans un tel restaurant. Il est retourné s'assoir avec ses parents. Puis il est revenu à la charge.

— Pouvez-vous faire *Pour vivre ensemble*?

Bien sûr que Richard connaissait la célèbre chanson de Jean-Michel Braque et Eddy Marnay qu'a interprétée Frida Boccara.

Alain et Richard ne se sont pas revus pendant deux ans.

En 1984, Alain, qui allait enfin entreprendre ses cours en technique policière au cégep, travaillait encore les week-ends à l'hôtel. Richard jouait toujours à l'hôtel et, en tant qu'artiste invité, il avait le droit d'utiliser la cafétéria du personnel, où les futurs grands amis se sont revus.

Richard a découvert un Alain adulte, un homme gentil et dévoué, qui aimait la musique. Il voulait le connaître davantage et l'a donc invité à aller passer quelques jours à Montréal pour l'enregistrement en studio de trois pubs pour la radio. Richard devait en faire la musique.

La fin de soirée était pluvieuse en ce dimanche du long congé de la fête du Travail, et Richard avait offert à son nouvel ami de conduire sa voiture jusqu'à Montréal. Pour une fois qu'il pouvait se laisser conduire, il avait sauté sur l'occasion.

Les deux profitaient donc de la route pour jaser et se connaître. Alain aimait la musique, une passion qu'il n'avait jamais menée jusqu'au bout. Mais ce serait pour une autre fois, car il devait entrer au cégep dans quelques jours pour devenir policier.

Soudain, l'auto a roulé sur l'accotement et Alain a perdu le contrôle du véhicule qui a pris le fossé pour frapper un arbre. La portière du côté gauche, celle du conducteur, a encaissé le coup, et Alain a été blessé. Des muscles dorsaux avaient été étirés.

L'auto était inutilisable. Même si Alain n'était pas gravement blessé, il est retourné à Gatineau en ambulance, car il souffrait d'un léger choc nerveux et les ambulanciers craignaient un risque d'hémorragie. Pendant que l'on conduisait Alain, Richard s'est chargé de faire venir la dépanneuse pour remorquer le véhicule chez un concessionnaire de Casselman en Ontario.

Richard a ensuite appelé un ami, Sylvain Hébert, directeur de la télévision communautaire de Hull. Celui-ci a accepté de le conduire à l'hôpital. Le pianiste voulait voir Alain et prendre de ses nouvelles. Le lendemain, il a pris le premier bus vers Montréal pour remplir son engagement. Il en a profité pour emprunter la voiture de son ex-blonde, Joane Lefebvre.

Sa blessure étant finalement sans gravité, Alain est reparti le lendemain chez ses parents. C'est Richard qui avait averti monsieur et madame Constantineau. Ceux-ci étaient inquiets, mais ils savaient que leur fils était entre bonnes mains.

— La voiture de Richard était une perte totale, et j'avais peur qu'il soit furieux contre moi, raconte Alain. Après tout, c'était ma faute.

Mais non, Richard s'en faisait pour lui et sa santé.

Quand on demande à Richard comment ils sont devenus amis, celui-ci aime répondre à la blague :

— Nous sommes devenus amis par accident !

Alain n'est pas rentré au cégep comme prévu, car le médecin qui l'a soigné lui a prescrit deux semaines de convalescence.

— Richard m'a offert de poursuivre ma convalescence avec lui pendant deux semaines.

Richard habitait au presbytère de l'église de Montebello depuis peu. Un autre ami, le curé Léo Giroux, savait qu'il était épuisé. Le stress familial et financier avait eu raison du jeune pianiste. Le curé avait offert de le loger, le temps de se refaire une santé. Ça lui permettait aussi de vivre à peu de frais pendant un temps, loin de Montréal et de sa vie folle.

Alain a accepté l'offre de Richard. Pour passer le temps, il lui a demandé de lui enseigner le piano. Pendant deux semaines, à temps plein, il a appris les rudiments de l'instrument. Il pouvait jouer une petite pièce tirée du livre *Cours de piano pour adultes* de Michael Aaron.

— Là, je me suis vraiment mis à m'intéresser à la musique.

Possédant déjà une certaine base en musique, car il était adepte de la guitare, Alain a découvert un nouvel intérêt, le piano.

À la fin de son séjour, il est rentré chez lui et a pris la route du cégep. Or, les études n'allaient plus. Les cours ayant déjà commencé depuis trois semaines, son retard était insurmontable. Il n'arrivait pas à reprendre le dessus et à rattraper les autres.

— Aussi, j'avais perdu l'intérêt. J'avais la musique dans la tête.

En octobre, Alain n'en pouvait plus. Il a demandé à Richard de lui enseigner la musique pour qu'il puisse en faire une carrière.

S'il était vraiment sérieux et prêt à faire les efforts nécessaires, Richard était d'accord.

— Il m'a pris sous son aile.

Si Alain aimait aussi la musique, au contact de Richard, il en a fait sa passion. Après huit mois, Alain lisait la musique et interprétait plusieurs petites pièces classiques.

Mais il gérait mal son stress, et son estomac le lui faisait savoir. Quand il était bouleversé ou très angoissé, la nausée le prenait. Il devait littéralement vomir ses émotions. Lorsqu'il avait accompagné Richard lors d'un brunch de la fête des Mères à Gatineau, son tout premier spectacle, il était allé vomir pendant les pauses !

Un an après avoir commencé à apprendre le piano, le 7 décembre 1985, une date dont il se souviendra longtemps, il participait à son premier spectacle professionnel. Il accompagnait Richard au clavier.

— Il était tellement nerveux, il en avait des sueurs froides dans le dos, se rappelle Richard, mais il n'avait pas vomi.

— Je n'étais pas très bon, mais la responsabilité musicale que j'avais n'était pas énorme.

Richard Abel, affirme aujourd'hui Alain, lui a donné sa chance. Il lui a permis de faire ses preuves dans ses spectacles au risque de ruiner des pièces.

— Je lui en serai reconnaissant pour le restant de mes jours.

Cette même année, Richard a sorti un troisième 45 tours, avec, sur un côté, son grand succès *Bumble Boogie*. Mais il lui manquait de l'argent pour terminer le projet. Alain en avait un peu de côté et lui a prêté la somme nécessaire.

Le disque porte l'étiquette « Constant » pour Constantineau, le nom de famille d'Alain.

Richard devait donc travailler fort pour joindre les deux bouts et non pas vivre, mais survivre. Pour aider Alain à vivre son rêve, il le logeait et le nourrissait, et lui apprenait le piano. Le tout, sans frais. En plus, il lui donnait un salaire symbolique au début de 50 $ par semaine. En contrepartie, Alain s'occupait des tâches ménagères et de la comptabilité.

Les deux amis vivaient sobrement. Très sobrement.

Ils n'ont pas eu de téléviseur pendant plusieurs années. Ils allaient chez la mère de Richard pour regarder les émissions que celle-ci enregistrait pour eux.

Grâce à Richard, Alain a poussé son rêve très loin. Ainsi, lors de son tout premier spectacle à la Place des Arts en 1988, Richard lui a accordé une grande place. Lors d'un changement de costume de Richard, Alain est allé au piano à queue de 9 pieds et il a accompagné le chanteur Yoland Sirard, un invité de Richard pour le spectacle. Il a chanté *Accroche-toi à tes rêves*.

— Imagine-toi. J'étais à la Place des Arts au piano en train d'accompagner un chanteur. Finalement, j'ai fait ma première Place des Arts en même temps que Richard faisait la sienne.

Alain est passé d'apprenti musicien à artiste de scène, et pas n'importe où, mais à la Place des Arts, une des scènes les plus prestigieuses du Canada.

Il faut le faire, dirait-on.

Chapitre 8

Alys Robi, ce *Tico Tico* qui a mis mon cœur tout en micmac

Richard a accompagné Alys Robi pendant quatre ans.

— Mais, mon Dieu que ça n'a pas été simple ! affirme le pianiste.

Un des deux propriétaires du piano-bar *La Rose rouge*, un endroit très prisé et dans lequel Richard jouait, lui avait annoncé :

— L'artiste que tu dois accompagner la semaine prochaine sera la grande Alys Robi ! Est-ce que tu la connais ?

— Pas vraiment, lui avait répondu Richard.

Par contre, le père de Richard, lui, la connaissait. Il se vantait en racontant que Jen Roger lui avait présenté Alys Robi, lors d'une fête en son honneur au fameux cabaret *La Casa Loma*. Jen Roger y était le célèbre maître de cérémonie, et le père de Richard y travaillait comme apprenti comptable.

— Papa prétendait qu'il avait passé la nuit avec elle… Et je préfère vous épargner les détails.

Quant à la tâche d'accompagner Alys Robi, Richard devait aller répéter chez elle.

— Bonne chance ! lui avait lancé le gérant, sourire en coin.

— Par la suite, j'ai compris pourquoi, explique Richard.

Il est allé chez madame Robi à deux reprises comme prévu dans son contrat. Chaque fois, elle lui a remis une pile de feuilles de musique. Richard apprendra plus tard qu'elle profitait probablement de la clause contractuelle pour répéter toutes ses chansons parce qu'elle n'avait plus les moyens de se payer un *coach*.

La semaine suivante, il allait l'accompagner.

— Ça a bien commencé, mais ça s'est vite détérioré, dit Richard. Nous devions faire cinq représentations par soir, soit à 22 h, à 23 h, à minuit, à 1 h et enfin à 2 h du matin.

Entre deux représentations, elle allait se changer dans sa loge au deuxième. Il fallait emprunter un petit escalier à l'arrière-scène pour s'y rendre. Sur le même étage se trouvaient également le bureau des propriétaires et un local d'entreposage. Un corridor étroit reliait ces pièces. Une grande innovation à l'époque venait d'y être installée, l'interphone, ce qui permettait de communiquer entre le bureau du deuxième et la salle.

Alys Robi avait déjà bu du cognac, un peu trop même.

Richard lui parlait doucement : « Madame Robi », par-ci et par-là.

Sa réponse est sèche, son attitude, agressive.

Elle présentait des signes de troubles mentaux, mais ça, Richard ne le savait pas.

— Si cela s'était produit aujourd'hui, j'aurais tellement mieux su comment m'y prendre, explique Richard.

Or, c'était la grande Alys Robi. Richard, qui ne la connaissait pas personnellement, lui vouait le plus grand des respects.

— Pourquoi me parlez-vous toujours avec une petite voix ? lui a-t-elle demandé. Oui, madame Robi, non, madame Robi. C'est fatigant à la longue.

— Bien, je vous traite avec tout le respect qu'il se doit.

Elle a alors pris une pile de feuilles de musique, puis elle a dit :

— Vous pourriez m'aider, monsieur, à choisir mes prochaines chansons.

— D'accord.

Richard s'est assis près d'elle pour lui suggérer des titres.

— Piaf, ça serait le fun ici. Telle autre pièce, là.

Il l'aidait à établir l'ordre des chansons de la prochaine représentation. En jargon du métier, on dirait le *pacing*.

Et sur scène, tout s'est bien déroulé.

À l'entracte suivant, ils sont retournés à l'étage.

Richard s'est alors présenté à sa loge, et elle l'a reçu à moitié habillée. Elle ne portait qu'une gaine et une brassière.

— J'ai su plus tard que se dévêtir devant les autres faisait partie de sa maladie. D'ailleurs, dans le film *Ma vie en cinémascope* de Denise Filiatrault sur la vie d'Alys Robi, il y a une scène dans laquelle elle se dévêt dans un avion en plein vol. On m'a raconté qu'elle a fait la même chose dans un taxi. Mais voir ainsi Alys Robi à peine vêtue, ça m'a donné tout un choc !

Intimidé, il a voulu casser la glace. Il lui a demandé :

— Voulez-vous que je vous aide à choisir vos chansons ?

Elle a répondu sur un ton sec :

— Je suis capable de choisir mes chansons toute seule, monsieur !

— C'est parce que tantôt, vous m'avez demandé de le faire avec vous.

— Non, je ne vous ai jamais demandé ça.

Et Richard a eu le malheur de lui dire :

— Vous ne vous en souvenez pas ?

Aussi bien lui dire qu'elle était folle ! Et quel faux pas de la part de Richard ! Madame Robi avait subi une lobotomie, comme tout le monde le savait déjà.

Elle a donc giflé Richard.

Il s'est relevé, les yeux remplis d'eau.

Que venait-elle de faire ? Elle l'avait frappé.

Il n'a pu retenir ses larmes.

Puis il lui a lancé :

— Je retourne chez moi. Je ne vous accompagne plus.

Il allait quitter la pièce quand madame Robi s'est levée pour lui bloquer l'accès au petit corridor qui n'était pas très large et qui était la seule issue.

— Vous, vous ne vous en allez pas ! a-t-elle dit.

Tout allait très vite. Qu'allait-elle faire ? Allait-elle continuer à le battre ? Richard paniquait. Il a pris son élan pour essayer de passer entre elle et le mur. Alys Robi était une femme costaude, toute une pièce d'environ 200 livres ! Non pas obèse, mais corpulente. Donc, le pianiste en peine n'a pas réussi à passer.

Madame Robi lui a alors pris un bras, et ils se sont tiraillés. Elle lui a arraché sa montre et étiré son chandail.

Richard s'est rappelé l'interphone. Il s'est dirigé à la course vers l'appareil. Il ignorait comment ça fonctionnait. Il a alors pesé sur tous les boutons.

Entretemps, elle l'avait rejoint. Elle l'a poussé et il est tombé sur un fauteuil de bureau qui s'est renversé. Au même moment, on a répondu sur l'interphone :

— Oui, que puis-je pour vous ?

Tout s'est figé.

Richard ignorait si ses interlocuteurs pouvaient l'entendre. Mais il a quand même répondu.

— De l'aide, s'il vous plaît ! a-t-il crié plusieurs fois.

Madame Robi le regardait fixement et a déclaré :

— Vous saurez, monsieur, qu'à la Cour, c'est la femme qu'on croit. Je vais leur dire que vous avez essayé de m'agresser.

Elle ne portait toujours que ses sous-vêtements et rien d'autre. En plus, elle était célèbre, Richard Abel, non…

Il s'est alors imaginé les pires scénarios. Les policiers l'arrêteraient. Il se voyait déjà en prison, car un juge ne le croirait jamais, il serait favorable à la version de la grande Alys Robi, et le reconnaîtrait coupable. Elle n'avait qu'à jouer son rôle de victime. Et Richard devenait l'agresseur.

— Je me suis mis à pleurer. Et je ne pleurais pas rien qu'un peu.

Un des deux patrons du piano-bar est arrivé sur ces entrefaites. Il connaissait madame Robi depuis longtemps.

— Que se passe-t-il ici ? a-t-il demandé.

Richard était incapable de parler.

Le proprio a alors approché son nez près du visage de madame Robi et lui a dit :

— Alys, je t'avais avertie que si tu faisais la folle, tu *décâlicerais*. *Fa'que* prends tes *crisses* d'affaires et va-t'en.

Du coup, un déclic s'est produit. Madame Robi, la maniaco-dépressive et bipolaire, est devenue une autre personne, la grande dame que, peut-être, elle n'avait jamais cessé d'être.

— Vous savez, monsieur Abel et moi sommes des artistes, lança-t-elle d'un ton calme, quasi solennel. Et des artistes, ça a du tempérament. Lui et moi en avons beaucoup, un signe que nous en sommes des grands. Bon, le public nous attend. *The show must go on*. Monsieur Abel et moi sommes des professionnels. On va se ressaisir et on va faire notre spectacle comme il se doit.

— Moi, je ne vous accompagne plus, ai-je répondu en pleurnichant.

— Monsieur Abel, avez-vous déjà connu l'humiliation ?

— J'ai des raisons de vous dire oui…

— Non, vous ne savez pas ce que c'est ! Laissez-moi vous raconter une chose que moi, j'ai vécue. J'ai été internée dans un hôpital psychiatrique. Nous avions des jaquettes de différentes couleurs. Ça dépendait de l'aile où l'on était logés et des tâches que nous avions à accomplir. Une des miennes était de nettoyer les ascenseurs. Le monde y entrait et disait : « Regarde, c'est Alys Robi ! » Quand vous connaîtrez ce taux d'humiliation, quand vous aurez connu des choses comme ça comme moi, je vous assure que vous aurez des écarts de conduite comme les miens. Je vous prie de me pardonner. Je vais essayer de faire de mon mieux pour qu'on puisse continuer ensemble pour le prochain *show*.

Avec le recul, Richard pense que cette histoire d'ascenseur relève plutôt d'une fabulation de madame Robi.

— À bien y penser, il serait peu probable que l'on donne ainsi l'accès à des ascenseurs à des patients psychiatriques !

En tout cas, ce fameux soir, Richard l'a crue et a éprouvé de la compassion pour elle. Il l'a accompagnée au piano jusqu'à la fin de la dernière représentation. Il est même allé la conduire chez elle après. Et il a terminé sa semaine sans trop d'histoires.

Il s'était même créé un rapprochement entre eux après cette scène rocambolesque qu'ils avaient vécue. En deux heures, c'était comme si ça faisait deux ans que les deux travaillaient ensemble.

— Le fait qu'elle m'ait giflé et le fait qu'on ait vécu cette expérience-là m'ont aidé à ne plus ressentir le fossé entre elle, la grande artiste, et moi. Je n'accepterais plus son comportement. Quand elle s'apprêtait à faire le début d'une crise avec moi, je la ramenais tout de suite sur terre. Je cassais ça immédiatement.

Un autre soir, Richard est rentré dans la loge, et elle a recommencé à lui faire ses caprices. Tout de suite, il lui a dit :

— Alys, est-ce que tu veux faire du *lip-synch* avec tes disques ce soir, parce que là, c'est vers ça qu'on se dirige ?

Il est ressorti de la loge, et 10 minutes plus tard, il recevait un *drink*.

— Elle savait que je ne buvais pas, mais elle m'a quand même envoyé un cognac. C'était sa façon de me dire : « Excusez-moi, monsieur Abel, revenez, et nous allons bien faire ça. »

Richard a donné son verre à quelqu'un d'autre. Et quand il est retourné la voir, elle était de bonne humeur.

— Avec elle, j'ai mûri de 10 ans d'un coup, constate Richard.

Madame Robi lui a aussi appris qu'il avait le don de faire un bon *pacing* de spectacle.

— Elle aussi, soit dit en passant, précise Richard, mais elle me demandait quand même mon avis. Et j'arrivais avec de bonnes suggestions qu'elle appréciait.

Puis Richard explique comment faire pour savoir si un *pacing* est bon :

— C'est quand on l'exécute. Même si de nos jours, on le fait sur ordinateur, il faut l'appliquer dans un *show* pour voir si ça marche. Parfois, il faut se rajuster. En fait, tous les *shows* doivent être ajustés. Ce n'est pas parce que ça marche sur papier, sur un écran d'ordinateur ou dans notre tête, que ça fonctionne automatiquement sur scène.

Ainsi, il y a des pièces destinées à la première partie et d'autres, à la deuxième. Certaines sont bonnes pour la fin, d'autres, pour le début, et d'autres encore pour être jouées entre les deux.

— Ce n'est pas une science, c'est un art, conclut-il.

Accompagner Alys Robi, ce n'était ni un art ni une science, mais tout un défi. Et cela demeurait, par moments, bien difficile.

Ainsi, lors d'une représentation, Richard s'est arrêté sur un accord comme prévu, mais il a appuyé sur la pédale de soutien, le *sustain*. Elle aurait voulu que le son s'arrête d'un coup. En furie, elle a lancé ses maracas sur le piano.

Richard est immédiatement intervenu :

— Hé ! Tu veux que je me lève et que je m'en aille ? J'en suis bien capable.

Elle s'est retournée et a dit :

— Excusez-moi, monsieur Abel.

Richard explique :

— J'ai été un des seuls, d'ailleurs, à lui avoir tenu tête dans toute sa carrière.

Un autre exemple des excentricités d'Alys Robi est survenu un peu plus tard quand Richard et elle ont été invités à faire une émission à Radio-Canada à Québec, une spéciale de 30 minutes enregistrée au Petit Champlain et animée par Robert Gillet.

Le simple fait de se rendre d'abord à Québec n'a pas été une sinécure.

— Dès le départ de Montréal, je savais que cela allait être compliqué, raconte Richard qui avait appris à reconnaître les signes précurseurs des crises d'Alys.

Elle était d'une humeur massacrante. Richard a préféré s'asseoir sur la banquette arrière pour essayer d'éviter un affrontement, laissant le soin de conduire à son assistant, Alain Constantineau.

Or, elle n'a pas arrêté d'être désagréable.

Rendu à Saint-Hyacinthe, Richard a tapé dans ses mains et il a dit :

— Bon, Alain, colle-toi sur le bord de l'autoroute, c'est terminé, c'est assez. Alys, tu descends. Tu feras du pouce. Merci et bonsoir.

— Je ne sors pas, a-t-elle répondu.

— Oui ! Tu sors.

Richard a fait le tour de l'auto, a ouvert la portière de madame Robi. Il voulait la sortir de force, mais il en était incapable, car elle était trop imposante.

Dans ces années-là, une autre technologie venait de faire son apparition, qui allait devenir rapidement très populaire : le téléphone cellulaire. À l'époque, c'était un gros appareil long et lourd. Richard a pris le sien et a appelé sa secrétaire pour lui demander de contacter un autre pianiste qui accompagnait aussi à l'occasion la chanteuse, Romain Jourdan.

— Trouve son numéro de téléphone, a demandé Richard à son employée. Je vais l'appeler pour lui offrir mon contrat avec Alys à Radio-Canada. Moi, je ne peux plus aller plus loin.

En le voyant essayer de trouver un autre pianiste à la dernière minute, madame Robi constata que Richard ne bluffait pas. Du coup, elle a de nouveau changé de personnalité.

— Monsieur Abel, c'est Radio-Canada. Si l'on ne se rend pas, ils vont nous poursuivre. Ce n'est pas des farces. Ce n'est pas un petit piano-bar.

— Non, c'est toi qu'ils vont poursuivre. Ça fait qu'emmène le pianiste que tu veux. Mais moi, je ne suis plus capable.

— Monsieur Abel, je peux vous proposer autre chose ? Si je vous promets que je ne dirai plus un mot d'ici à Québec, est-ce acceptable ?

— Écoute, Alys, je me suis arrêté ici, à Saint-Hyacinthe. Je peux m'arrêter de nouveau quand nous serons rendus à Drummondville et rebrousser chemin pour rentrer chez moi. Donc, si tu ouvres la bouche une autre fois, je ne vais plus à Québec avec toi. Et tu sais, quand nous serons rendus là, le pianiste remplaçant ne pourra plus prendre la route de Montréal pour se rendre à Québec à temps.

Elle n'a plus dit un mot du voyage.

Il ne restait plus qu'une demi-heure avant d'arriver quand elle a soudainement demandé :

— Je peux-tu dire quelque chose ?

— Tu brises ta promesse, a répondu Richard.

— On peut arrêter faire pipi ?

Richard Abel affirme qu'à la longue, lui et madame Robi sont devenus comme un vieux couple. Ils se disputaient, puis se réconciliaient, et le spectacle était merveilleux, un peu comme des amoureux qui se disputent, se réconcilient et après, font l'amour.

L'enregistrement de l'émission à Radio-Canada s'est bien déroulé. Elle a interprété deux chansons, *Rum and Coca-Cola* et une autre de Piaf.

Pour madame Robi, la professionnelle sur scène, Richard ne tarit pas d'éloges. Selon lui, en spectacle, elle était formidable. Elle savait se sortir des pires situations.

Ainsi, un soir, Richard jouait la longue introduction de *Brésil*, un des grands succès d'Alys pour son entrée en scène. Elle devait arriver avec ses maracas en chantant, mais elle a trébuché avant même de pouvoir entonner les premières notes. Malgré moult enjambées pour ne pas tomber, elle s'est retrouvée en pleine face par terre, les maracas sur le plancher, sa coiffure un peu défaite ainsi que les parures.

L'orchestre et Richard ont cessé de jouer, et il y a eu un lourd silence. Personne n'osait faire quoi que ce soit, redoutant sa réaction. Madame Robi s'est donc relevée, a replacé ses cheveux, sa robe et son opulente poitrine. Elle a ramassé ses maracas, s'est doucement rendue au micro et a dit :

— Ouf, j'ai failli tomber !

Les gens ont éclaté de rire.

Mais il y a eu pire encore.

Un couple gai, Antonin Imbeault et Justin Ouellet, qui possédait une auberge, le Chalet des phares à Saint-Antoine-de-Tilly sur la rive sud du Saint-Laurent, non loin de Québec, avait invité Alys Robi et Richard Abel à donner un spectacle au cabaret de leur établissement pendant deux soirs.

La localité était célèbre pour son phare. Le chalet était si près du fleuve Saint-Laurent que lors de grosses tempêtes, des vagues se fracassaient sur les vitres.

Antonin et Justin étaient tellement honorés de recevoir la grande Alys Robi qu'ils en avaient fait tout un événement dans le village. Même le maire était invité et il s'était impliqué pour promouvoir la présence de la star. Les gens de la région s'étaient également mobilisés.

Les propriétaires ont logé les artistes comme des rois dans un site merveilleux.

— Les chambres étaient fabuleuses, précise Richard.

La première journée, Antonin et Justin les ont invités pour le souper, juste avant les représentations prévues à 22 heures et à minuit.

Tout s'est bien déroulé, voyage vers Saint-Antoine-de-Tilly, repas et spectacles. Bref, un bilan positif pour cette première journée.

Par contre, le lendemain a été une tout autre histoire.

À la salle à manger de l'auberge, au brunch, lorsque Richard a vu le visage de madame Robi, il savait que la journée s'annonçait longue. Le regard de celle-ci disait tout. Elle avait passé une mauvaise nuit ou quelque chose d'autre aurait pu la contrarier, Richard ne pouvait dire, mais il savait qu'elle allait le faire savoir.

Elle feuilletait les journaux à sa table et, quand les gens l'abordaient, elle leur répondait bêtement.

— Je me disais : « Mon Dieu qu'on n'est pas rendus à ce soir ! » ajoute Richard.

Il reconnaissait désormais les signes. Elle se plaignait de tout et elle était désagréable, comme elle savait si bien l'être dans ces moments-là.

— Je me suis éloigné le plus possible de sa table, car je n'avais pas envie de rester près d'elle, explique-t-il. Je l'ignorais. Je ne répondais pas à ce qu'elle disait.

En soirée, les artistes étaient conviés à un souper encore plus important que celui de la veille. Au menu, il y avait de la viande sauvage, du bison. La table était bien garnie.

Madame Robi est alors partie pour la gloire !

Un des proprios, Justin Ouellet, chantait. L'autre jouait du piano. Pour honorer leur invitée avant le spectacle, ils ont présenté une chanson.

— Ce n'était pas du grand art lyrique, mais c'était correct, poursuit Richard. Le chanteur se débrouillait bien.

Par contre, madame Robi n'était pas du même avis. Elle trouvait que le gars chantait mal. Assise à sa table, elle parlait fort :

— Vous, là, si j'étais vous, chanter comme vous le faites, je ne chanterais pas.

— Moi, madame Robi, a répondu Justin, je fais cela uniquement pour le plaisir. C'est sans prétention.

— Quand on n'a pas de voix, monsieur, on ne chante pas.

Le pauvre gars était dévasté. Se faire ainsi humilier par la grande star était dur à prendre.

Puis elle s'est mise à critiquer tout ce qu'elle voyait. Elle a dit que leur établissement était inapproprié :

— J'ai chanté sur les grandes scènes du monde. Venir chanter dans un trou comme ici ! Et vous, je le répète, vous ne savez pas chanter.

Ulcérés, les deux gars étaient incapables de manger. Ils ont repoussé leurs assiettes. Des larmes coulaient de leurs yeux.

Richard n'en revient pas. Comment madame Robi osait-elle ? Justin et Antonin avaient décoré la scène avec des arbres, des fleurs en dentelle et des lilas. Ils y avaient mis tout leur cœur.

— Les deux gars nous logeaient gratuitement et nous recevaient à manger, en plus de nous payer un cachet. Et tout ce qu'elle trouvait à faire était de les humilier.

Ensuite, elle est tombée sur le dos d'Alain Constantineau, l'employé de Richard. Elle l'a critiqué sans merci. Et elle ne l'a pas manqué. Alain était, on le sait, jeune et insécure. On aurait dit qu'elle savait quels mots blessants utiliser. Elle l'a fait pleurer, lui aussi. Et il est parti à la course aux toilettes pour vomir. De nos jours, Alain en rit, mais, sur le coup, elle l'avait profondément heurté.

Par contre, elle n'osait pas attaquer Richard. Elle savait qu'elle ne pouvait plus l'atteindre. Mais Richard était indigné par son comportement inacceptable. Être si bien reçue et être aussi méchante, ça dépassait les bornes.

— Le pire était que des gens l'encourageaient en lui payant des verres de cognac qu'elle buvait avec joie, raconte Richard. J'aurais voulu m'en aller. C'était ma première réaction, car je n'étais pas obligé d'endurer ça.

Il aurait voulu lui dire :

— Madame Robi, ce sera pour une prochaine fois. Je vous souhaite une bonne fin de soirée. Merci beaucoup ! Bonsoir !

Mais s'il avait fait ça, qui aurait été vraiment puni ? Antonin et Justin qui avaient reçu les artistes comme des rois. Ils auraient dû en plus rembourser tout le monde. Richard ne pouvait pas leur faire ça.

Par contre, il avait une idée pour faire comprendre à Alys Robi que ça ne se passerait plus comme ça. Pour la punir, quoi !

Il a retrouvé Alain aux toilettes pour lui dire :

— On va faire le spectacle. Il le faut pour les deux propriétaires qui nous reçoivent si bien. Par contre, à la dernière représentation, tu amèneras l'auto près de la petite porte sur le côté de la scène. Tu connais les trois dernières chansons. Alors, juste avant, va mettre mes bottes d'hiver, mon manteau et nos valises dans l'auto.

Ils allaient donc déguerpir, se sauver. Sans elle.

Pour Richard, il n'était plus question de la ramener en auto et de subir ses sautes d'humeur.

Il est ensuite allé écrire une lettre pour les propriétaires leur expliquant la situation. Comme le piano-bar était adjacent à leur appartement, il a prétexté avoir un urgent besoin d'aller à la salle de bains. Il est donc entré pour se rendre directement dans leur chambre. Il a placé la lettre sous leur oreiller.

Voici ce que, grosso modo, disait sa lettre :

« Vous comprendrez que je voulais m'en aller au souper. Elle vous a fait pleurer. Elle a rendu mon ami malade. Je voulais me lever de table et partir, comme plusieurs l'auraient sans doute fait. Vous êtes restés par souci pour les gens qui ont payé pour voir le spectacle. Moi aussi. Avant de lire cette lettre, vous m'aurez sans doute traité de tous les noms en constatant que je vous l'ai laissée sur les bras. Je me console en sachant que vous saurez alors que je suis resté pour vous, pour vous éviter un trou financier, pour ne pas avoir à rembourser tout le monde. Je l'ai fait en reconnaissance de votre gentillesse. »

Évidemment, les proprios ont compris le geste de Richard.

Cependant, pendant le spectacle, Alys a été d'une gentillesse étonnante, comme si elle voulait se faire pardonner encore une fois. Elle savait qu'elle avait exagéré, mais Richard n'en pouvait plus.

— Mon pianiste est le plus grand du Québec, a-t-elle dit au public.

Elle lui donnait des bisous devant tout le monde. Elle le prenait par la main. Ils ont fait le salut de fin de spectacle. Elle a demandé encore une fois aux gens d'applaudir le pianiste.

— Mais je la voyais venir. J'ai joué le jeu. J'étais, en retour, d'une grande gentillesse et ne faisais rien voir. Madame Robi sentait que quelque chose se tramait. Elle savait bien qu'elle avait été insupportable au souper. Me voir aussi gentil lui faisait douter que quelque chose n'allait pas, mais elle n'aurait jamais pu imaginer que je serais parti ainsi.

Comme prévu à la fin de la dernière représentation, Richard et Alain l'ont abandonnée.

Quelques semaines plus tard, ses hôtes ont appelé Richard pour lui raconter ce qui s'était passé. Quand elle a constaté qu'Alain et lui étaient vraiment partis sans elle, elle est passée aux menaces :

— Moi, je connais la mafia, je vais lui faire couper les 10 doigts.

À trois heures du matin, ivre, elle s'est endormie sur leur sofa, ses dentiers dans un verre d'eau.

Les proprios ont dû prendre leur auto le lendemain pour la reconduire à Montréal avec ses valises et ses accessoires.

— Je peux juste imaginer leur beau voyage ! Et pour moi, c'est ainsi que tout s'est terminé là avec madame Robi. Nous avons été des années sans nous parler.

Plus tard, en 1988, Richard était à la cafétéria de Radio-Canada pour promouvoir son premier spectacle à la Place des Arts. Elle était assise à quelques tables de lui. Elle s'est levée pour venir lui dire :

— J'ai entendu que vous ferez la PdA. Il faut jouer la *Rhapsody in Blue* de Gershwin. Vous avez le panache pour le faire.

Elle lui a ainsi donné le goût de jouer cette pièce en public.

Elle venait de faire preuve d'humilité, et c'était probablement sa façon de s'excuser. Même si c'était quelques années après les événements, il lui fallait en retour lui pardonner.

— Je savais à ce moment qu'elle était malade, reconnaît Richard.

Antonin Imbeault raconte qu'Alys Robi est retournée cinq fois chanter à Saint-Antoine-de-Tilly à l'invitation de lui et de son *chum*, Justin Ouellet. Elle a chanté avec Justin. Elle était dithyrambique quant à sa voix, lui proposant même de faire une tournée avec lui. Évidemment, cela ne s'est jamais concrétisé, mais c'était une Alys Robi complètement différente.

Et ce ne sont là, selon Richard, que quelques-unes des nombreuses anecdotes qu'il pourrait raconter sur la grande Alys Robi.

Chapitre 9

Solo

La plus grande inspiration de Richard a sans contredit été Liberace, qu'il a rencontré en personne en 1981, lors du passage de la star américaine à Montréal.

Il l'avait vu deux fois auparavant, mais c'était lors de séances d'autographes. Cette fois, il l'avait pour lui seul. Un ami, Jean Laurin, qui était journaliste, avait négocié les termes du tête-à-tête avec la relationniste de la tournée québécoise de Liberace, Aline Lemelin.

Beaucoup de gens attendaient à la porte de la loge de Liberace, plusieurs avec des cadeaux à la main, dans l'espoir de le rencontrer, ne serait-ce qu'un instant. Mais c'est Richard qui a eu droit à l'entrevue.

— Je ne réalisais pas à l'époque ce qu'on aurait pu dire.

Pourquoi avait-il accepté de rencontrer Richard, le petit *cute* de 26 ans, et non les autres? Poser la question était y répondre. Mais ça n'a jamais traversé l'esprit de Richard.

— Aujourd'hui, je me rends compte que les gens l'ont sûrement pensé.

Cependant, Liberace n'a jamais eu un mot ou un geste déplacé avec Richard. Il n'a fait aucune allusion à quoi que ce soit.

La grande vedette américaine a donc reçu Richard dans sa loge.

— Je venais de voir Liberace, la vedette extravagante sur scène, raconte Richard. Quand je rentre dans sa loge, c'est plutôt l'homme que je vois. Il s'était mis à l'aise. Il venait de se démaquiller et portait une chemise de coton à manches courtes, une chemise bien ordinaire.

Liberace lui offre un café. Richard ne parle pas très bien l'anglais, mais lui et son idole réussissent quand même à se comprendre.

Le jeune pianiste avait apporté un petit cahier de presse contenant une dizaine d'articles sur lui que Liberace prend le temps de regarder page par page.

— Je voulais qu'il me donne des conseils sur le *show-business*.

La réponse de la grande star américaine va marquer la carrière de Richard :

— Je ne vais t'en donner qu'un, c'est un petit mot. Applique-le à ta vie, et il t'aidera à accomplir beaucoup de choses : discipline.

Et, de fait, Richard sait maintenant qu'il n'aurait jamais pu mener sa carrière sans discipline.

Remarquant qu'il y avait un piano dans la loge, il a demandé à Liberace de lui montrer un doigté qu'il utilisait dans un fameux boogie-woogie que Richard a enregistré sur disque par la suite.

Les deux pianistes sont sortis du théâtre ensemble, ont marché dans les couloirs puis jusqu'à la limousine de la star. Liberace est monté, puis a baissé la fenêtre. Richard l'a remercié une dernière fois.

— Quel gentleman ! conclut-il.

Sur une photo, il pose fièrement avec Liberace qui le tient par les épaules. Ils sont dans sa loge. Malheureusement, il n'y a que deux photos pour documenter cette rencontre marquante. Celui qui les avait prises, un élève de Richard, était tellement nerveux qu'il tremblait. Les autres photos sont floues.

— Une chance qu'il y en a eu quelques-unes de bonnes, car je lui en aurais voulu pour longtemps.

Richard n'était pas groupie rien qu'un peu, car lorsqu'il fera la Place des Arts en 1988, il demandera la même loge que celle qu'avait occupée Liberace et aussi le même piano.

Il devait aller le revoir deux ans plus tard, mais n'en avait pas les moyens.

— Ça aurait coûté ma paye. Je m'étais promis d'y aller une autre fois. C'est une chose que j'ai regrettée, car Liberace est mort quatre mois plus tard, le 4 février 1987.

Après avoir joué pendant des années dans les pianos-bars et les restaurants, dont le Châteauneuf à l'hôtel Plaza de la Chaudière, après avoir accompagné de grands noms, comme Louvain, Guilda et Robi, il allait enfin voler de ses propres ailes.

Mais revenons un peu en arrière, en ce début des années 1980. Le chemin à parcourir était encore long pour Richard, car, si l'argent était le nerf de la guerre, ses moyens étaient limités.

Une amie, qui était pratiquement son agente, Lisette Brisebois de Gatineau, est venue à la rescousse. Elle lui a obtenu des engagements privés prestigieux, dont un dîner d'État pour le président du Costa Rica, Óscar Arias Sánchez, et un autre pour la présidente de l'Islande, Vigdís Finnbogadóttir. Il a aussi joué lors du mariage du fils de Jeanne Sauvé, alors gouverneure générale du Canada.

Ces engagements lui permettaient de subvenir à ses besoins tout en lui laissant plus de temps pour se consacrer à sa musique.

C'est ainsi que Richard fut aussi appelé à jouer pour un chef conservateur lors d'un rassemblement dans le cadre de la course à la direction du parti en 1983.

Joe Clark, ancien chef du Parti conservateur et Premier ministre, mais d'un gouvernement minoritaire qui n'avait duré qu'un peu moins de neuf mois, venait de perdre la confiance de son parti, déclenchant une course à la direction.

Des organisateurs avaient embauché Richard à l'occasion de ce rassemblement qui avait lieu à l'hôtel Westin à Ottawa à… sept heures du matin! Pauvre Richard!

Outre Joe Clark, plusieurs autres candidats devaient y être.

On lui offrait plus que ce qu'il gagnait au Châteauneuf, et ce n'était que pour une heure ou deux. La condition principale était de jouer des pièces rapides et rythmées.

Pas de Chopin, donc!

Richard se présente à la salle, comme convenu, le lendemain matin.

— Laisse-moi te dire que j'en ai vu des agents de sécurité et des gendarmes de la GRC portant des oreillettes ce jour-là! raconte Richard.

Il joue, comme convenu, des airs très enjoués, comme du ragtime et des polkas.

Un des organisateurs passe près de Richard et lui dit que c'est excellent. Il dépose un billet de 50 dollars en pourboire sur le clavier.

— À ce moment-là, c'était comme un 100 $ aujourd'hui, précise Richard. Encouragé, j'en redonne avec des pièces comme *La vie en rose* sur un rythme de ragtime. Même mes pièces lentes, je les virais en swing!

Le gars lui remet un autre billet de 50.

Ne s'intéressant pas à la politique, Richard ne lisait pas beaucoup les journaux. Il ne reconnaissait pas les gens sauf, évidemment, Joe Clark.

Il devait arrêter de jouer le temps qu'un politicien puisse aller sur scène et prononcer son discours.

Puis, il reprenait.

Il jouait de nouveau quand un homme qu'il ne connaît pas l'approche et met à son tour un autre billet de 50 dollars sur le piano.

— Il me dit : « On va faire une exception pour la prochaine pièce. Je veux entendre *Impossible dream* du spectacle musical *Man of the Mancha* (que Jacques Brel a traduit en français par *La Quête*) quand Joe Clark aura terminé son discours.

Richard prend le billet, ça lui faisait maintenant 150 dollars de pourboire.

Joe Clark entre alors dans la salle sous un tonnerre d'applaudissements. Ses supporteurs scandent :

— Joe ! Joe ! Joe !

Joe Clark prononce son discours et, au moment où il termine, Richard joue la pièce demandée.

— Ça a fait toute une affaire ! Tout le monde a cessé de parler pour se retourner et me regarder.

Richard croit que l'auditoire apprécie, il en remet.

Quelqu'un lui ordonne finalement d'arrêter. Richard demande ce qui se passe. On lui répond en anglais. Richard ne comprend toujours pas, car il ne maîtrise toujours pas bien cette langue.

Il remarque alors de l'indignation dans le regard des gens. Même Joe Clark, qui est redescendu du podium, n'a pas l'air très content.

Richard n'avait pas encore allumé quant à la signification d'*Impossible dream*.

— Ça donnait l'impression que moi, j'étais contre Joe Clark, comprend-il maintenant. Franchement, je ne suivais pas la politique.

Un autre organisateur lui a demandé pourquoi il avait joué cette pièce.

— C'est un type baraqué que je ne connais pas et que j'ai pris pour un des vôtres, explique Richard. Il m'a remis 50 dollars pour jouer cette pièce.

Les organisateurs ont alors deviné de qui il s'agissait et ont demandé à Richard de partir sur-le-champ :

— Vous avez vu les gens réagir ? Vous avez insulté monsieur Clark. Vous êtes viré. On vous demande de vous en aller.

Richard avoue avoir été plutôt lent à comprendre. Mais à sa défense, il précise que la musique instrumentale n'a pas de paroles. Il avait cru qu'on lui avait demandé cette pièce pour la beauté de la mélodie.

— Je n'ai jamais eu d'autres nouvelles depuis de Joe Clark. Je ne pense pas qu'il soit un de mes fans. Mais je n'ai jamais joué ça pour être méchant envers lui. C'est une méprise et un mauvais coup dont j'ai d'ailleurs fait les frais.

Au-delà de ces dîners d'État et concerts privés, ainsi que sa présence continue au Châteauneuf et les cours de musique et de chant qu'il donnait, Richard rêvait toujours de percer et de trouver sa place dans le firmament des étoiles du *show-business* québécois.

Trois 45 tours, six chansons. Ce n'était pas assez ! Richard voulait plus encore.

Mais percer demeurait bien difficile. Les stations de radio faisaient peu tourner ses disques. Si bien qu'aucun producteur ne l'avait remarqué, encore moins pris sous son aile, comme il en aurait tellement eu besoin.

Il fallait faire un grand coup pour se faire remarquer.

— Depuis que j'avais connu Richard, trois ans plus tôt, nous vivions sur la corde raide, raconte Alain. Mais il a toujours cru en lui-même. C'est un fonceur.

— J'ai rarement vu un artiste aussi vaillant, ajoute son gérant, Michael Roy. Richard ne lâche pas. Il va jusqu'au bout.

Richard Abel désirait la célébrité depuis longtemps. Il en rêvait même sur le chemin pour se rendre à l'école secondaire, il se voyait au piano sur une scène. Si bien que lorsqu'il arrivait dans la cour de l'école, il ne se souvenait pas d'avoir traversé les rues, certaines pourtant passantes, dont Saint-Zotique, Beaubien et Bellechasse.

Il n'allait donc pas laisser les producteurs qui levaient le nez sur lui le décourager. Il a décidé de faire un album lui-même, ce qui serait malgré tout un grand risque financier. Ce sera son premier et aussi le seul produit en format vinyle, car après, il n'a enregistré qu'en format CD.

Le disque s'est intitulé *Enfin!* C'est le journaliste Roger Sylvain qui lui a inspiré le titre. Lorsque Richard lui avait annoncé qu'il allait bientôt sortir son album, monsieur Sylvain avait dit :

— Enfin !

— Tiens, c'est une bonne idée, avait répondu Richard. Je lui cherchais un titre, on devrait l'appeler de même.

— Richard était unique, différent, continue Roger Sylvain. C'était un vrai *showman*. Sur scène, ce qu'il faisait était très visuel, il en mettait plein la vue. Les gens ressortaient épatés.

Il y avait, certes, André Gagnon qui était le pianiste établi au Québec. D'ailleurs, des compagnies de disques avaient refusé de prendre Richard, expliquant que le marché québécois étant petit, il n'y avait pas de place pour un deuxième pianiste.

Richard avait investi toutes ses économies et tout ce qu'il pouvait emprunter pour qu'*Enfin!* voie… enfin le jour.

Or, le parcours du combattant ne s'arrêtait pas là. Il lui fallait vendre son album, toute une tâche, car, à la sortie de son disque, il n'avait pas de distributeur. Pas facile, non plus, d'en vendre avec si peu d'attention médiatique, car, à l'époque, le nom Richard Abel était à peine connu et peu de journalistes s'intéressaient à lui.

Il en vendra quand même plus de 26 000, grâce, en grande partie, à un distributeur de musique country du nom de Disques Joufflu qui s'est intéressé à Richard deux ans après la sortie d'*Enfin !*

— Oui, de musique country, renchérit Alain Constantineau. Aucun gros distributeur ne voulait de nous. Je me souviens de Lise Richard de Sélect qui nous avait retourné une proposition avec un NON en grosses lettres inscrites en diagonale sur la première page. Mais eux, chez Joufflu, ont voulu nous donner une chance.

Mais ce n'était pas facile, car Joufflu, étant un très petit joueur, n'avait pas la première place dans les boutiques de disques. Celui de Richard n'était donc pas en évidence. Et il était régulièrement en rupture de stock.

Il y avait de belles nouvelles cependant. Peu après la sortie de son microsillon, une résidente d'Ottawa, Hélène Meilleur, avait découvert Richard Abel qui donnait une entrevue à la télévision communautaire de Hull, au cours de laquelle il avait joué *Mélodie d'antan*. À la fin, Richard avait annoncé qu'on pouvait le voir et l'entendre tous les jeudis, vendredis et samedis au restaurant le Châteauneuf de l'hôtel Plaza de la Chaudière, ainsi qu'au bar adjacent.

Madame Meilleur est allée l'entendre jouer. Elle est revenue le lendemain, puis la semaine suivante, et ainsi de suite. Un verre d'eau gazeuse à la main, elle se laissait porter par les pièces de Richard. Elle le complimentait régulièrement, le louangeait même par moments.

Un jour, en s'en allant, elle est passée près du piano pour placer un papier dans une des poches du veston de Richard.

— Je pensais que ce n'était que son numéro de téléphone ou une note. Je l'ai oublié là dans mon veston. Le soir, dans ma chambre à l'hôtel, je me suis déshabillé sans y penser. Je ne m'en suis souvenu que le lendemain matin. Je l'ai sorti de la poche. C'était un chèque de 500 $. J'avais son adresse sur le chèque. Je lui ai fait envoyer un bouquet de fleurs.

Par la suite, Richard et madame Meilleur ont développé une belle amitié.

— Comme je n'avais plus de grand-mère, je l'ai appelée ma grand-maman d'Ottawa, dit Richard.

À la fin de 1988, malgré ses voyages presque hebdomadaires entre Montréal et Gatineau pour jouer au Châteauneuf, et ses engagements privés, Richard Abel trouve le temps de préparer son premier spectacle *Coup de maître* qu'il va présenter à la Place des arts à Montréal, avec 12 musiciens, dont un chanteur invité, Yoland Sirard. Richard se mettait au monde. Le 10 décembre, il a rempli la salle Wilfrid-Pelletier de la Place des arts. Yoland a ensuite participé quelques mois plus tard à d'autres spectacles avec Richard, dont au Grand théâtre de Québec et au Centre national des arts.

Son spectacle a été bien reçu par la critique.

Enfin la reconnaissance !

— J'étais impressionné. J'étais fier. Enfin ! J'arrivais dans le grand monde, comme artiste à part entière, et non plus seulement comme accompagnateur, conte Richard.

Un autre grand moment : en 1989, il est appelé à jouer à l'occasion de la visite au Canada du duc d'Édimbourg, le prince Philip, époux de la reine Élisabeth. Monsieur Mulroney devait recevoir le prince, mais il avait eu un empêchement majeur et avait délégué un de ses ministres de l'époque, Jean Charest.

Un concert privé devant 300 personnes avait été organisé en l'honneur du prince au Québec, au domaine Saint-Laurent de Compton.

Richard a trouvé l'expérience stressante, car, en plus de bien jouer avec brio et de donner un bon spectacle, il devait se rappeler toutes les consignes protocolaires.

— J'étais plus nerveux de parler anglais que de jouer du piano, confirme-t-il.

Roger Sylvain raconte que l'anglais approximatif de Richard lui avait d'ailleurs joué tout un tour ce jour-là. Atteint d'une bronchite, Richard avait eu une quinte de toux sur scène. Il s'en était excusé, et avait simplement voulu dire à la foule «Désolé, j'ai une bronchite». Il ne savait pas que cela se prononce en anglais BRON-KAY-TIS. Il a plutôt pris la prononciation française légèrement à l'anglaise, et le mot bronchite est devenu BROWN-SHIT (caca brun)!

Il y a eu un court silence lourd dans la salle. Richard venait-il de commettre un crime de lèse-majesté? Bien non! Le prince qui parle français a compris le lapsus et s'est mis à rire. Les autres spectateurs ont suivi.

Mais le protocole ne s'arrêtait pas à la langue. Il y avait des règles à suivre. Trop même, dirait Richard. En plus de devoir dire *Your Highness* et tout, il fallait suivre des directives compliquées. Le prince devait entrer et sortir seul. Par moments, les mouvements de foule se faisaient par étape, et dans plusieurs pièces en même temps.

En plus, Richard a dû aussi mettre son égo de côté, notamment quand son tour est venu d'entrer en scène. On le présente. Puis, c'est le silence le plus complet, car, en vertu du protocole, les gens n'ont pas le droit de l'applaudir.

La vedette, c'est le prince, et non lui!

— J'entends mes propres pas résonner sur la scène alors que je me dirige vers mon piano. Je salue les gens. Il ne se passe toujours rien.

Son cœur bat la chamade. Il n'a plus de salive dans la gorge ni dans la bouche. Il tremble de nervosité.

— Quand les gens applaudissent, ça me réconforte. Et le trac part en une minute, une minute et demie. Moi, quand j'entre en scène, une bonne claque, ça me donne une erre d'aller. Je m'assois et je me dis qu'on va passer une belle soirée ensemble. Ce concert a donc été une des expériences de scène les plus difficiles que j'ai vécues. Pire que les fois où j'ai pu avoir un trou de mémoire, ou que j'ai pu me planter.

En plus, même si le prince parlait bien français, pour le protocole, il devait faire ses présentations dans les deux langues. Or, on le sait déjà, dans le temps, il ne maîtrisait vraiment pas la langue de Shakespeare comme il l'aurait souhaité.

Richard a présenté ses valeurs sûres, dont un pot-pourri de la comédie musicale *The Sound of Music*, son fameux *Bumble Boogie* qui était inspiré de la pièce classique *Le vol du bourdon* de Nikolaï Rimski-Korsakov, dans laquelle il devait jouer 14 notes à la seconde. Il avait aussi inclus son célèbre *El comanchero*, une pièce latine endiablée qu'il avait apprise avec Armas Maiste et dans laquelle ils avaient incorporé des passages de haute voltige du Concerto pour piano en si bémol mineur de Tchaïkovsky et de la *Danse du sabre* de Katchaturian. Enfin, Richard se faisait toujours un honneur de jouer des compositeurs québécois dans ses spectacles. Il a interprété du Claude Léveillée, un de ses auteurs préférés qui, lui aussi, était pianiste. Richard avait eu la folle idée de faire à un seul piano le fameux duo — c'est-à-dire à deux pianos — de Claude Léveillée et André Gagnon, *La grande valse fofolle*.

— C'était une pièce casse-gueule, dit Richard. Mais à cet âge-là, j'étais téméraire et je ne voyais pas le danger !

Il a aussi présenté un sketch sur la chanson *Wolfgang et moi* de la chanteuse française Marie-Paule Belle, écrite en 1978. Dans cette chanson, Léopoldine, incarnée par Francine Mathieu, prétend qu'elle est la sœur de Mozart et qu'elle composait tout pour lui. Richard avait déjà fait ce numéro dans le cadre de l'émission *Les démons du midi* à la télévision de Radio-Canada.

Richard a rencontré le prince après la représentation.

— Encore leur maudit protocole! Tu n'as pas le droit de lui parler sans que lui te parle en premier. Tu ne peux pas lui donner la main si lui n'avance pas la sienne en premier, etc.

Par contre, Richard estime que le prince Philip a été très gentil.

Les deux ont échangé des généralités.

— Je ne me rappelle même plus dans quelle langue il nous avait parlé, mais moi, je lui ai parlé en français.

La même année, l'auteur-compositeur et interprète Guy Trépanier, qui avait composé entre autres la musique de la télésérie *Lance et Compte*, avait offert à Richard de produire un album, en compagnie de Normand Dubé, guitariste et compositeur. L'album serait composé de pièces originales de la trame musicale de cette même série en plus de deux compositions de Richard.

— Dans la série, raconte Richard, il y a deux histoires en parallèle, une sur le hockey et une sur les amours de tout un chacun. L'un trompe l'autre et ainsi de suite. Dans les histoires d'amour, on m'entendait souvent jouer du piano en arrière-plan. C'étaient justement les mélodies de cet album intitulé… *Mélodies* !

Richard et Guy Trépanier ont terminé l'album à la fin du printemps, et le lancement était prévu pour l'automne. Mais entretemps, monsieur Trépanier a rencontré les membres du groupe innu *Kashtin,* et ça a été le coup de foudre. Ces derniers ont enregistré un disque pendant l'été, et, en quelques mois à peine, ils devenaient les vedettes de l'heure. Guy Trépanier n'avait plus le temps de s'occuper de Richard. Il a donc abandonné le projet.

— Il m'a offert d'acheter les bandes maîtresses, précise Richard, afin que je puisse m'en occuper moi-même. Compte tenu de la situation, j'ai pu négocier un bon prix.

Encore une fois, Richard n'a pas jeté l'éponge. Il a lui-même entrepris de faire la promotion, mais, à ce moment-là, il était loin d'avoir les moyens financiers nécessaires. *Mélodies* ne se vendra qu'à 14 000 exemplaires.

Ce qui n'a pas empêché Richard de continuer, envers et contre tout. Il a continué de se serrer la ceinture tout en multipliant les occasions de promouvoir ses disques dans les centres commerciaux et lors d'engagements privés et de tournées. Il ne refusait aucune invitation. Et il enseignait toujours.

— On tirait le diable par la queue ! se souvient Alain Constantineau.

Chapitre 10

Une bonne samaritaine

Même après son départ du Châteauneuf à Hull, Richard continuait de visiter sa fidèle admiratrice, madame Hélène Meilleur, qui habitait Ottawa. Quand il se rendait dans l'Outaouais, elle l'accueillait dans sa chambre d'ami. Comme elle adorait faire la cuisine, elle lui préparait des mets en quantité suffisante pour le nourrir pendant deux semaines. Elle les faisait congeler dans de petits contenants, qu'il rapportait à Montréal.

Malgré son âge avancé, madame Meilleur prenait parfois son auto pour aller voir Richard dans la métropole. Celui-ci l'accueillait alors chez lui. Elle en profitait encore une fois pour cuisiner pour lui, tout en écoutant la musique pendant que Richard répétait ou enseignait. Elle adorait baigner dans cet univers, et côtoyer Richard lui permettait de le faire. Elle a même enregistré une émission à Radio-Canada à Montréal en compagnie de Richard. Ils avaient interprété une chanson du cahier *La bonne chanson*, *Quand nous serons vieux*. Madame Meilleur avait étudié le chant dans sa jeunesse. En dépit de son âge et surtout de son manque de pratique, Richard estimait qu'elle chantait encore fort bien.

La dame était veuve. Son défunt mari avait été militaire. Sans être riche, elle était à l'aise. Mais l'argent n'est pas tout. Elle s'ennuyait énormément lorsqu'elle était seule chez elle. Ses rencontres avec Richard lui changeaient les idées et lui remontaient le moral.

Madame Meilleur possédait un condo à Ottawa qu'elle voulait laisser en héritage à Richard. Elle estimait que ses enfants n'en avaient pas besoin puisque deux d'entre eux étaient déjà propriétaires de leur maison. Son troisième enfant avait un problème de santé qui l'empêchait de prendre soin d'une propriété. D'ailleurs, elle leur laissait de l'argent.

— Elle me dit un jour : « Toi, puisque tu n'as pas de maison, je vais te laisser mon condo en reconnaissance de tout le bonheur que tu m'as procuré par ta musique et ta gentillesse. » J'ai aussitôt répliqué que je n'avais pas fait ça pour recevoir quelque chose en retour, et que je ne lui demandais rien.

— Si tu savais combien ta musique m'a fait du bien, a-t-elle répondu. Elle a meublé ma solitude et a été un baume sur mes plaies de l'âme. C'était mon réconfort lorsque j'en avais besoin, et ma joie de vivre. Pour cela, je te serai éternellement reconnaissante.

Or, ses enfants ne voyaient pas les choses du même œil et quand la vieille dame est décédée quelques mois plus tard, ils étaient prêts à se battre jusqu'au bout pour empêcher ce legs. Richard n'a donc jamais obtenu le condo, refusant de se lancer dans une éventuelle bataille juridique avec la descendance de madame Meilleur. Qu'à cela ne tienne, celle-ci avait quand même trouvé le moyen de l'aider un peu. Et il lui en sera pour toujours reconnaissant.

Entretemps, en 1991, Richard avait eu le plaisir de participer en tant que musicien au 52e anniversaire de naissance de Brian Mulroney, Premier ministre du Canada, à sa résidence du 24 Sussex à Ottawa. C'était une soirée informelle au cours de laquelle Richard dit avoir été traité avec le plus grand des respects. Monsieur

Mulroney et son épouse Mila lui ont d'ailleurs offert une photo dédicacée par les deux, prise avec Richard dans leur salon devant le piano.

— Je l'avais accompagné dans la chanson *When Irish eyes are smiling* qui faisait honneur à ses origines irlandaises.

Quand il a revu monsieur Mulroney plusieurs années plus tard, celui-ci se rappelait très bien cette soirée d'anniversaire. L'ancien Premier ministre s'était souvenu de son nom. Et Richard était plus que fier d'avoir fait une aussi bonne impression sur cet important homme politique.

Toujours en 1991, Richard avait amassé tout ce qu'il pouvait, toutes ses économies, et put donc produire, à son compte, un troisième album, *Noël au piano*.

Pour mousser les ventes de disques, Richard s'est craché dans les mains et a fait preuve d'humilité. Il appelait les administrateurs de centres commerciaux pour leur offrir d'aller y jouer gratuitement. La seule chose qu'il demandait en retour, c'était de pouvoir vendre ses disques. Alain et lui arrivaient avec un piano portatif et un système audio. Ils montaient une petite scène sur laquelle Richard jouait sans arrêt de nombreuses heures.

Noël au piano s'est vendu à plus de 22 000 exemplaires. Il lui a valu l'année suivante, en 1992, son tout premier Félix, prix de l'Association québécoise de l'industrie du disque, du spectacle et de la vidéo, dans la catégorie album de l'année, musique instrumentale.

— C'était bizarre pour moi, se souvient aujourd'hui Richard. Je suis seul au gala de l'ADISQ. Je n'ai pas de gérant. Et je gagne un Félix. Je ne m'y attendais pas.

Il est sorti pour se rendre dans une cabine téléphonique et appeler un grand producteur québécois qu'il venait de rencontrer. Il allait produire un album avec lui.

— Il a répondu : *tabarnak* ! raconte Richard. Moi, je m'attendais à ce qu'il me dise : « Wow ! Richard, c'est le fun ! »

Le producteur lui a expliqué que ce prix faisait ombrage à son projet d'album. Il considérait que la publicité qu'il ferait pour cette nouvelle production qui s'intitulait *Instrumental memories* aiderait Richard à vendre plus d'exemplaires de son disque de Noël. Il a donc également ressorti l'album de Noël sous son étiquette avec une nouvelle pochette à l'occasion des fêtes suivantes.

Au printemps de 1993, ce producteur a découvert un chanteur populaire, Steph Carse, dont le vrai nom est Stéphane Dostie de Mascouche. Celui-ci avait eu un méga succès avec l'adaptation française de *Achy Breaky dance*.

— Il ne s'occupait plus de moi, explique Richard. Il n'en avait plus le temps ni l'intérêt. Il m'a libéré de mes obligations contractuelles.

Ironie du sort, Steph et le producteur en question ont mis fin à leur entente quelques années plus tard. Steph s'est fait une belle carrière aux États-Unis et Richard et lui sont devenus de grands amis ces dernières années. À chacun de ses voyages en Floride, Richard passe quelques jours chez lui à Orlando.

C'est donc en 1994 que Richard a vraiment misé le tout pour le tout. Une année charnière où il a enfin produit un album audacieux comme il l'avait toujours souhaité, c'est-à-dire en mariant la musique populaire et classique.

— C'était hors norme à l'époque, avoue Richard, et nous étions sur le bord du précipice financier. Tant qu'à faire faillite, j'aurais eu au moins la satisfaction d'être allé jusqu'au bout de mon idée ! Je n'aurais pas le regret de ne pas avoir essayé.

Il s'est inspiré du grand ténor Luciano Pavarotti et de son concept *Pavarotti & Friends* lancé en 1992 qui mariait le classique et le populaire.

— Qui aurait dit qu'un jour Pavarotti interpréterait le *Panis Angelicus* avec le chanteur rock Sting, accompagné d'une guitare !

Ou qu'il chanterait *New York New York* avec Liza Minnelli… ou encore *Never Never Never* avec Céline Dion !

Grâce à Pavarotti et à ses concerts, des millions de personnes qui, autrement, n'auraient jamais écouté de l'opéra ont découvert ce genre musical.

— Pavarotti a été critiqué, mais il avait raison, soutient Richard. Sa carrière de ténor était tellement brillante qu'il pouvait se permettre de faire ce qu'il voulait et de se foutre de ce que les autres pouvaient dire.

Richard avait donc choisi de jouer sur son disque un extrait du *Boléro* de Ravel, *La Barcarolle* des *Contes d'Hoffmann*, *La Sérénade* de Toselli et *Heure Exquise* de l'opérette *La Veuve joyeuse*, mais, en même temps, il avait inclus *Quand j'aime une fois, j'aime pour toujours* de Richard Desjardins, le thème du célèbre téléroman *Rue des Pignons* et *I Have a Dream* de Abba. Il avait sélectionné les pièces pour lesquelles il obtenait le plus d'applaudissements lorsqu'il les jouait en spectacle ou au restaurant Châteauneuf.

— Cet album-là, on va le faire pour le fun, avait déclaré Richard. D'où le titre *Pour le plaisir*. En anglais, le même album s'appelait *Just for fun*.

Pour la pochette, pas de concept compliqué, juste Richard en tenue décontractée.

— Je l'ai un peu regretté par la suite. Je ne m'attendais pas à ce que cet album soit la plus grande réussite commerciale de ma carrière jusqu'à ce jour. Les gens, surtout hors Québec, trouvaient que la pochette n'avait rien à voir avec la musique sur le disque. Ce n'était pas très vendeur, et pourtant ce disque a été mon plus grand vendeur ! Cherchez à comprendre ! Quand est venu le temps de l'exporter aux États-Unis, il nous a fallu changer la photo.

Son disque le plus vendu, oui, mais il n'a pas été un succès immédiat. Au départ, malgré son premier Félix, on parlait peu de

Richard dans les médias. Il a donc continué à faire des tournées de centres commerciaux.

— Dès que je jouais *La Barcarolle* des *Contes d'Hoffmann* et *Heure Exquise*, les gens se ruaient au rayon des disques pour acheter mon album. C'était mes deux pièces les plus populaires auprès du public. C'est la raison pour laquelle je les ai jouées pendant plus de 25 ans.

Richard aurait vendu entre 3 000 et 4 000 exemplaires de son disque *Pour le plaisir, volume 1* de cette façon. Lors de ses passages dans les centres commerciaux, il en laissait également quelques exemplaires en consigne au disquaire qui en vendait dans les jours et semaines qui suivaient.

Pendant ce temps, à Ottawa, l'état de santé d'Hélène Meilleur se détériorait.

Quelque temps avant de mourir, elle avait demandé à Richard :

— Pourquoi je ne t'entends pas à la radio et à la télévision comme tout le monde ?

— Bien, Grand-maman, a répondu Richard, ça prend des sous pour présenter un commercial à la télévision. Ils ne font pas ça pour le fun ou pour nos beaux yeux.

Peu après, elle lui avait remis un chèque de 15 000 $.

— J'étais dans le rouge à la banque, explique Richard.

Il pensait utiliser la somme que lui avait donnée madame Meilleur pour rembourser ses dettes, mais, comme le veut le dicton, la nuit porte conseil. Et quelle conseillère a été cette nuit-là ! Au réveil, Richard avait une tout autre idée.

— Je ne suis pas un parieur, je ne joue pas au casino ni aux cartes. Je n'ai pas hérité ça de mon père. Mais cette fois, je me suis dit que cette somme venait du ciel. J'allais tenter le tout pour le tout. C'est ça ou je déclare faillite. J'achète donc de la publicité pour mon nouvel album.

Il a d'abord demandé au réseau de télévision TVA ce qu'il pouvait acheter pour 15 000 $.

— Le gars a ri de moi, se souvient Richard en pensant au responsable des publicités d'alors, Gordon Robinson. Il m'a dit que j'aurais l'air d'un petit poisson rouge dans un grand aquarium. Drôle d'analogie, mais bon, j'avais compris l'idée !

Devant ce refus, Richard s'est donc tourné vers deux stations de radio, CIEL et CKVL, qui rejoignaient son auditoire.

Les résultats ont été très bons. Il a vendu des milliers d'exemplaires en quelques semaines seulement.

Richard avait réussi son pari, assez du moins pour pouvoir aller à la banque et obtenir du financement supplémentaire. Richard voulait continuer à acheter de la publicité pour faire vendre son disque, mais il ne recevrait pas son chèque de redevances avant plusieurs mois. Il lui fallait de l'argent maintenant pour continuer.

Le paiement des redevances pour les ventes de disques est un processus lent. Le producteur ne les reçoit qu'environ trois mois et demi après. Par exemple, les disques qui ont été vendus au mois de septembre ne sont payés que vers le 15 janvier. En plus, le distributeur se garde une *réserve*, habituellement de 30 %, qu'il ne remet que plusieurs mois plus tard encore. Il faut aussi prendre en compte les centaines de disques remis gratuitement à des fins promotionnelles, entre autres aux stations de radio et de télé, aux journalistes ou pour des tirages. Mais voilà, Richard avait besoin de liquidités maintenant et non au mois de janvier, aussi est-il est allé voir le directeur de sa Caisse populaire.

À la caisse, le directeur l'a accueilli par ces mots :
— Moi, les artistes, ça ne m'impressionne pas.

Il a quand même examiné la situation financière peu reluisante de Richard avant de conclure qu'il pourrait lui accorder une marge de crédit de seulement 7 000 $.

Richard a ensuite consulté un ami et mécène qui était directeur d'une banque et qui avait également été chanteur et musicien pour payer ses études. Il était donc mieux placé pour comprendre le projet de Richard. Après avoir examiné son bilan financier, son ami conclut que le directeur de l'autre institution bancaire avait, malgré son manque de tact et son arrogance, un peu raison.

— Tout ce que je peux te donner, c'est 2 000 $ de plus que lui, soit 9 000 $. Mais comme je te connais bien et que je sais que tu es une bonne personne et un grand travaillant, je vais t'autoriser une marge de 25 000 $ *sur la gueule*.

Sur la gueule! Richard ne comprenait pas ce que cela signifiait.

— *La gueule du client*, c'est une expression à l'interne quand la *bette* du gars nous inspire confiance, avait alors expliqué son interlocuteur. Je te crois. J'ai le goût de prendre le risque malgré tes états financiers défavorables.

Richard se rappelle qu'au moment de signer les documents, son adjointe a dit au directeur :

— Je ne comprends pas votre décision.

Et ce dernier lui a alors répondu :

— Vous voyez ce que je suis en train de faire ? Il ne faut jamais faire ça !

— Vous auriez dû voir la face de l'adjointe ! poursuit Richard. Ce directeur est devenu un de mes meilleurs amis et conseillers. Jamais je ne l'ai déçu. Je lui serai éternellement reconnaissant de la confiance qu'il a fait preuve à mon égard à ce moment-là et par la suite.

Richard a donc pu se payer de la publicité à la télévision de Québec et de Sherbrooke. Résultat : plus de 30 000 ventes ! En y ajoutant les quelque 20 000 exemplaires déjà vendus, *Pour le plaisir, volume 1* devenait son premier disque d'or. Cela, quelques semaines avant Noël. Un beau cadeau pour Richard !

Ce disque a aussi été en nomination à l'ADISQ, mais il n'a pas remporté de Félix.

En décembre 1995, soit deux bonnes semaines avant le gain de Richard à la loterie 6/49, celui-ci a pu s'offrir une campagne publicitaire importante de 75 000 $ sur les ondes du réseau de télévision TVA qui serait diffusée pour la Saint-Valentin.

— À ceux qui pensent qu'avec la somme gagnée à la loterie je me suis acheté une carrière, détrompez-vous ! C'est avec les recettes de la vente de plus de 52 000 albums que je me suis offert cette publicité.

En février, donc, ses ventes ont grimpé à plus de 80 000 exemplaires.

Il a refait un autre coup de pub à l'occasion de la fête des Mères, et les ventes sont alors passées à plus de 100 000 exemplaires.

C'était son premier disque platine.

— Sans l'aide de mon ami banquier et de madame Meilleur, il m'arrive de me demander si j'aurais aussi bien réussi. Cependant, j'aimerais vous faire une petite confidence. Quand j'ai reçu au mois de décembre 1995 les rapports de ventes me confirmant que j'avais vendu plus de 50 000 exemplaires de mon disque, j'ai fait des photocopies, et, oui, je les ai déposées sur le bureau du directeur de la Caisse populaire qui m'avait dit d'un ton arrogant que les artistes ne l'impressionnaient pas. Sans compter qu'il avait dû certainement entendre parler de mon gain à la loterie qui avait suivi deux semaines plus tard... J'ai cependant appris que, pour plusieurs raisons, il n'est pas sain de se venger et que parfois, la vie s'en charge elle-même. Ça me fait penser à une phrase de la chanteuse Meggie de *Star Académie* 2004 qui venait de vivre une grosse rupture. Elle m'avait dit : « living well is better than revenge » (bien vivre est mieux que la vengeance). Et je suis bien d'accord avec ça.

Chapitre 11

Comment Richard Abel a perdu
4 millions de dollars en deux heures

C'était le 3 janvier 1996. La journée avait été particulièrement froide, comme c'est souvent le cas en janvier. Après les joyeuses festivités des fêtes, c'était le temps de prendre un nouveau départ puisque trois semaines auparavant, il venait enfin de connaître le succès : un premier disque d'or. *Pour le plaisir, volume 1* allait être certifié platine six mois plus tard.

Comme personne n'avait vraiment cru en lui jusqu'à maintenant, il avait dû produire cet album lui-même. Cela voulait dire assumer seul le risque financier : il pouvait tout perdre ou gagner gros. Or, Richard avait gagné son pari. À cette époque, un producteur de disques recevait environ 9,22 $ par exemplaire vendu. À 52 000 ventes, ça remplit un compte en banque !

En plus, le téléphone commençait à sonner, on lui offrait de nouveaux engagements.

— Fini pour l'instant les soucis financiers. Prenons ce nouveau départ, s'était-il dit.

Mais Richard était loin de se douter que ce nouveau départ prendrait toute une tournure.

Donc, le 3 janvier 1996, en fin de soirée, il parlait au téléphone avec Diane Therr, une amie chanteuse. Un bip a retenti dans le combiné, signalant un autre appel entrant. Il a placé son amie en attente pour répondre.

C'était son père, Claude, sur l'autre ligne.

— Viens vite à la maison, on vient de gagner à la loterie, m'a-t-il crié à l'autre bout. On vient de gagner le gros lot à la 6/49 !

Richard n'en croyait pas ses oreilles.

— Oui, oui, viens tout de suite ! a répété Claude, surexcité.

Ne sachant pas quoi dire, ne sachant pas non plus s'il devait le croire, Richard est revenu à son amie et lui a annoncé ce qu'il venait d'apprendre.

— Wow, tu n'es pas sérieux ! a-t-elle rétorqué.

— Ce doit être une autre de ses blagues. Tu le sais comme il est farceur.

Il a mis fin à la conversation avec Diane, pour retourner à son père qui était encore plus survolté.

— Richard, on n'a pas de temps à perdre ! Tu dois venir immédiatement à la maison. Je vais tout t'expliquer ça, implore Claude.

Celui-ci a repris son souffle avant de revenir à la charge :

— On vient de gagner 10 millions de dollars !

— En temps normal, lorsque quelqu'un annonce qu'on a gagné une si grosse somme à la loterie, on devrait sauter de joie, explique Richard. J'aurais dû m'exciter, mais je ne le croyais pas. Je me disais que ça ne se pouvait pas.

Malgré ses doutes, il s'est rendu chez son père.

En arrivant, Rose Hébert, la blonde de Claude, tremblait d'excitation, ce qui a dérouté Richard parce qu'elle n'aurait pas pu jouer la comédie aussi bien que ça. Il se fiait à elle pour savoir si son père était en train de lui monter un mauvais coup. Peut-être n'était-elle simplement pas au courant du tour que Claude jouait à son fils.

Son père habitait un immeuble à logements. Il aurait donc été facile d'installer des caméras cachées et du filage, et d'organiser une régie dans l'appartement au-dessus. Richard inspectait la pièce pour découvrir un micro ou une caméra miniature dissimulé quelque part sous un abat-jour ou derrière un miroir.

L'émission de télé *Surprise sur prise*[1] avait déjà joué ce tour à l'humoriste Jean Lapointe. Celui-ci regardait une partie de hockey qui avait été truquée. La joute avait été filmée avec des joueurs qui avaient accepté de participer au gag. À huit heures, la partie a commencé, mais son déroulement ne tenait pas la route. Or, la diffusion venait directement de l'appartement d'en haut.

— Je croyais donc que quelque chose du genre avait été organisé pour moi et que mon père était impliqué dans cette farce.

Claude enregistrait souvent les nouvelles de 22 h au cours desquelles on donnait les numéros gagnants à la loterie, parce qu'on les donnait trop vite et qu'il n'arrivait pas à les noter.

— Regarde ça, tu vas bien voir.

En effet, ça avait l'air vrai. Ils avaient gagné.

À 22 h 40, Richard et son père devaient se rendre à l'évidence : ils allaient empocher presque 10 millions de dollars, 5 millions chacun.

Depuis deux ans, Claude et Richard jouaient en groupe à la loterie. Ils étaient quatre. En plus des deux, il y avait Alain Constantineau et le frère de Rose. Malheureusement, ceux-ci avaient quitté le groupe quelques mois avant ce fameux gain. Richard et son père misaient trois dollars par tirage, chacun. Ils participaient aux deux tirages de la 6/49 de la semaine, soit le mercredi et le samedi. Au total, ils y consacraient 12 $ par semaine.

---

1 Émission de télévision diffusée de 1987 à 1999 sur les ondes de TQS, Radio-Canada, TF1 et France 2

— C'est papa qui s'occupait de gérer le tout. Il calculait les petites sommes gagnées, comme les lots pour avoir obtenu trois chiffres gagnants sur six et, plus rarement, quatre sur six, moins les sommes investies. Compte tenu de mon horaire parfois rocambolesque, on se voyait environ tous les trois mois pour que je lui paye ce que je lui devais, soit le coût d'achat des billets, moins les prix gagnés, ça donnait peut-être 200 $ par année. Il faut avouer que nous jouions raisonnablement !

Claude a mis son fils en garde :

— Tu sais, Richard, ne pars pas en peur. Il y a peut-être un autre billet gagnant. Ça arrive. On a déjà vu ça, deux gagnants qui doivent se partager le gros lot.

Puisque c'était un tirage pancanadien, il fallait attendre à cause des fuseaux horaires que tous les joueurs jusqu'à Vancouver aient pu vérifier leurs billets. Habituellement, la station de radio CKAC donnait en premier les résultats définitifs du tirage vers minuit 45, à savoir combien de billets gagnants il y avait, d'où ils provenaient et les montants des lots.

— J'ai donc attendu, attendu, attendu et attendu

Cela, en regardant courir l'aiguille des secondes de l'horloge au mur de 23 h à minuit 45.

— Au moment où vous réalisez que vous avez entre les mains un billet gagnant et que la cagnotte est de 10 millions de dollars, je vous jure que votre esprit s'emballe. Ça s'est mis à rouler dans ma tête à une vitesse folle. Le petit hamster ne pédalait pas rien qu'un peu. Il était sur le bord de faire une crise cardiaque.

À minuit 45, l'animateur de radio est entré en ondes :

— Depuis que j'annonce les résultats de la loterie, je n'ai jamais vu ça. Il y a sept billets gagnants qui vont se partager le gros lot de 10 millions de dollars.

Ça faisait 1 428 000 $ par billet gagnant que Richard devait partager avec son père.

Donc, environ 714 000 $ chacun.

— J'ai donc perdu plus de 4 millions de dollars en deux heures. Je suis passé de 5 millions à 714 000 $.

Richard ne voulait pas avoir l'air de se plaindre, mais il avait bien vu les numéros à la télévision et était convaincu d'avoir gagné le gros lot seul avec mon père. Il s'attendait donc à partager 10 millions avec lui et à obtenir 5 millions.

— Même s'il y avait eu deux billets, ça aurait été 2 500 000 $ chacun. Ça aurait été correct. Mais de passer de 5 millions à 714 000, bien, j'ai déchanté. C'était drôle à dire, mais c'était une mauvaise nouvelle en même temps qu'une bonne. C'était un drôle de *feeling*! Il faut l'avoir vécu pour comprendre. Si je vous avais fait miroiter pendant deux heures que vous aviez gagné 5 millions de dollars, ne venez pas me dire que vous ne seriez pas déçu de n'obtenir que 714 000 $ à la place.

Un salarié pourrait croire que c'était beaucoup, mais en tant qu'homme d'affaires, en tant que producteur de disques, Richard estimait que 714 000 $ équivalait à trois albums qui ne marchent pas et c'est terminé.

L'envers de la médaille : Richard Abel à l'émission J.E.

— Pour plusieurs personnes, un gain important à la loterie est synonyme de bonheur assuré, déclare Richard, mais, malheureusement, ce n'est pas la réalité. Il y a vraiment un envers à la médaille. Un gros montant d'argent qui arrive subitement peut semer la zizanie. Qui n'a pas entendu parler de chicanes de famille concernant le partage d'une succession ou des déboires de la famille Lavigueur ?

Richard a été invité à participer à l'émission J.E. du réseau TVA dans le cadre d'un reportage sur les malheurs de gagnants à la loterie. En invitant Richard, l'équipe de J.E. voulait démontrer que ça ne se passait pas aussi mal pour tout le monde.

— J'ai été chanceux, je n'ai jamais eu d'histoires ni avec ma mère ni avec mon frère concernant mon gain.

Richard a quand même été sollicité de toutes parts. De vieilles connaissances, dont il n'avait pas entendu parler depuis des années, des décennies même, incluant des gens qui avaient été méchants à son égard, refaisaient surface, se disant de grands amis dans le but d'obtenir ses faveurs financières.

Des inconnus le contactaient également pour lui demander de l'aide.

— Un homme se disant innocent du crime dont il avait été reconnu coupable et pour lequel il était en prison, raconte Richard, m'a demandé de l'aide afin de blanchir son nom auprès de ses enfants. Il disait que ce n'était pas pour lui. Pour me prouver sa bonne foi, il me proposait de payer directement les honoraires de son avocat.

Un autre voulait qu'il achète des prothèses pour son enfant handicapé. Un autre encore, qu'il lui donne une somme pour des traitements médicaux contre le cancer. Des communautés religieuses l'ont également approché pour des dons.

— Le soir, je n'arrivais plus à dormir, dit Richard. Je me remettais en question. L'argent était-il en train de me corrompre ? Étais-je devenu un parvenu ? Un sans-cœur ?

Mais des gens sensés l'ont rappelé à l'ordre pour lui expliquer qu'il n'était pas un organisme de charité.

Loto-Québec ne peut pas agir en tant que consultant financier auprès de ses gagnants, car cela la placerait en conflit d'intérêts.

Par contre, un agent de la société d'État lui a donné deux bons conseils.

D'abord, il lui a dit que s'il n'était pas habitué à gérer de grosses sommes, il ne devait prendre aucune décision avant trois mois. Par contre, s'il l'était, le délai suggéré était d'un mois.

Richard a attendu un mois.

Ensuite, on l'a mis en garde contre les nombreuses demandes de prêts.

— On m'a rappelé que ceux qui m'aimaient avant devraient continuer à m'aimer après, que je leur prête de l'argent ou non. J'ai quand même perdu des amitiés pour des sommes aussi petites que 200 $! Ces gens-là n'étaient peut-être pas de vrais amis.

Il a quand même prêté beaucoup, environ 80 000 $. Par contre, sur la trentaine de demandes qu'il avait reçues, il n'en a retenu que huit.

Triste constat, sur huit emprunteurs, seulement trois ont remboursé leur dû.

— Je me rappelle entre autres avoir prêté 25 000 $ à un certain producteur de Sainte-Thérèse. Celui-ci voulait créer une agence de spectacles. Il m'avait soumis un dossier impressionnant avec un plan d'affaires sérieux, lettres de recommandation et autres documents à l'appui. Après que je l'ai contacté à maintes reprises, il ne m'a remboursé que 100 $ en plus de 20 ans.

Richard a perdu de vue tous ces gens qui, à ses yeux, ont manqué à leur parole.

Mais tout cela rendait Alain furieux… et un peu jaloux.

— Le soir où Richard m'a appelé pour m'annoncer qu'il avait gagné à la loterie, explique Alain, disons que je ne sautais pas de joie. J'ai eu de la misère à être content!

Quatre mois plus tôt, Alain avait décidé d'abandonner le groupe. Il estimait dépenser jusqu'à 400 $ par année dans ce hobby qui ne rapportait pas beaucoup. En ayant retiré ses billes quatre mois avant le tirage gagnant, Alain estimait qu'il s'était privé de 500 000 $.

— Richard dit qu'il a perdu 4 millions de dollars en quelques heures, moi, c'est un demi-million en quatre mois ! On en avait tellement bavé ensemble. J'avais fait beaucoup de sacrifices. Je me disais : « Il ne m'offre rien ».

Il en avait finalement discuté avec Richard.

— Je ne comprends pas que tu donnes de l'argent à du monde et moi rien, avait-il dit. Tu m'as oublié.

Richard lui a finalement donné 5 000 $. Il regrette de ne pas lui en avoir donné plus sur le moment. Cependant, il comptait en faire davantage plus tard. Aujourd'hui, 20 ans après, Richard peut dire avec fierté qu'il a fait pour lui ce que probablement personne n'aurait fait.

— Si l'on fait la somme de tout, je peux vous affirmer que ça dépasse largement ce petit 5 000 $.

Aujourd'hui, Alain regrette cet épisode.

— Je m'en suis voulu par la suite d'avoir fait ça, parce que je l'avais mis entre l'arbre et l'écorce. Il n'était pas obligé de me donner de l'argent. Il ne me devait rien. J'étais simplement frustré.

Alain comprend Richard maintenant. Dans l'euphorie du gros lot, celui-ci s'est fait bombarder de demandes et a pu ne pas penser à son ami. Alain reconnaît qu'en faisant le compte, ce que Richard a fait pour lui dépasse largement les 5 000 $.

Sage dans les prêts qu'il accordait, Richard l'a été aussi dans les autres dépenses. Il n'est pas parti en peur et n'a pas fait de folies, du moins, il n'a pas fait tant de folies que ça.

— J'ai pris 50 000 $ pour des gâteries et des cadeaux. Entre autres, je me suis acheté deux motomarines. J'en ai aussi profité pour remercier les gens qui m'avaient aidé par le passé.

Surtout, il a emmené sa mère en croisière sur le magnifique *Queen Elizabeth II* jusqu'aux îles Canaries. Ils ont de magnifiques photos de ce voyage. Madame Abel était tout simplement resplendissante pour ses 60 ans.

— Un voyage merveilleux, dit Richard. Ça lui a permis de se reposer et de profiter un peu de la vie, après tout ce qu'elle a vécu.

Et il s'est aussi offert un voyage à Disneyworld digne de ce nom.

Il se rappelait celui qu'il avait fait en compagnie de son père Claude et de Rose. Claude avait commencé à mettre de l'ordre dans sa vie et reprenait lentement le dessus financièrement. Encore loin d'être riche ni même à l'aise, il avait invité son fils et Alain Constantineau à se joindre à eux afin de se partager les dépenses.

— À cause de nos engagements, nous devions prendre nos vacances en même temps, explique Alain. Aussi bien aller à Disneyworld. Je voulais tellement voir ça.

Il fallait quand même couper sur tout pour s'y rendre. L'ingénieux Claude avait retapé une vieille camionnette qu'il avait repeinte au pinceau en beige et brun que Richard décrit comme brun « comptable ». Évidemment, il se garde bien de vouloir offenser cette profession !

Les touristes ont dû lésiner sur tout, sans quoi ils n'auraient jamais pu se rendre à destination. En chemin, après avoir vidé tout ce que contenait la glacière portable, sandwichs, biscuits et petits gâteaux délicieux préparés par Rose, ils arrêtaient dans des restaurants et des motels bas de gamme. Les quatre devaient partager la même chambre.

— C'était les sacrifices à faire si nous voulions voir Disney, dit Richard. J'avais connu pire quand j'étais enfant ! Là, c'était plutôt l'aventure, et malgré tout, on trouvait ça amusant. Cela, jusqu'à ce que nous arrivions sur le site.

Sur place, Rose achetait de nouveau de quoi préparer des sandwichs qu'ils mangeaient à l'extérieur du site dans le stationnement. Ils ouvraient les portières de la camionnette pour s'assoir et manger.

— J'étais mal à l'aise. Le regard des autres m'incommodait. Je m'imaginais ce qu'ils pensaient de nous à cause peut-être de ce sentiment d'humiliation que j'ai connu si souvent quand j'étais enfant.

Il comprenait aussi la situation financière de son père. Lui et Rose avaient fait ce qu'ils avaient pu pour emmener tout le monde en Floride. Dans les circonstances, c'était déjà beau de pouvoir y aller.

Il s'est alors juré que si un jour il y retournait, ça serait bien différent et qu'il mangerait dans les restaurants du site.

— Après mon gain à la loterie, j'y suis effectivement retourné. Huit fois! Et je peux vous assurer que je ne mange plus dans le stationnement!

Mais c'est tout pour les gâteries. Pour le reste, il a été bien terre-à-terre.

Il s'est acheté une maison à Sainte-Thérèse qui, avec toutes les rénovations, lui a coûté plus de 350 000 $. Il l'a payée comptant. Il a versé la somme au complet le jour même de l'acceptation de son offre d'achat. Il n'a eu qu'à faire un chèque! Peu de gens peuvent se permettre cela dans la vie. Depuis, il n'a payé que les taxes foncières et scolaires, les services publics et l'entretien.

De 15 pièces au départ, Richard en a fait une maison inter-générationnelle, ce qui lui a permis d'accueillir sa mère avec laquelle il vit depuis une quinzaine d'années. Celle-ci loge à l'étage supérieur dans un appartement privé, un grand quatre et demi. Elle dispose aussi d'une entrée séparée, ce qui la fait se sentir chez elle, bien qu'elle ait également un accès direct au rez-de-chaussée habité par Richard. Cela permet à ce dernier de veiller un peu sur sa mère et à celle-ci de veiller en retour sur son « p'tit gars » !

Le sous-sol sert à la compagnie qu'il a fondée, Les Productions Abelin. Non, ce n'était pas un acronyme pour Abel ou Alain Constantineau, son bras droit. Mais pour son gérant d'alors, Michel Poulin. À ce sujet, Richard trouve encore le moyen de rigoler !

— Abelin vient des deux premières syllabes du nom de famille de Richard, Abel, et de la dernière de Poulin : <u>ABEL</u> + <u>POULIN</u> = **ABELIN**. Cependant, le contraire *sonnait* un peu drôle : <u>POULIN</u> + <u>ABEL</u> = **POUBEL**. Les Productions Poubel, pas sûr ! Disons que ce n'était pas très *winner* !

Abelin loge donc au sous-sol, où l'on retrouve trois bureaux, un petit studio et un grand garage pour ranger l'équipement et la remorque.

— Ah ! Les remorques ! se souvient Alain. Ce qu'on a connu des péripéties avec ça !

Au début de sa carrière solo, Richard devait louer une remorque à chaque tournée ou spectacle pour transporter l'équipement nécessaire. C'était compliqué, mais quel autre choix avait-il ? Une remorque professionnelle pour transporter des instruments de musique et de l'équipement de son coûtait trop cher pour ses moyens à l'époque.

Un ami, qui avait pris Richard et Alain en pitié, leur a offert de fabriquer une remorque qui répondrait mieux à leurs besoins et, surtout, qu'ils n'auraient pas à louer. Richard et Alain pouvaient désormais organiser leurs déplacements avec un peu plus de flexibilité.

Tout a bien fonctionné jusqu'au jour où la fameuse remorque s'est détachée sans prévenir ! Alain se rendait à la gare Windsor à Montréal afin de préparer une salle pour un concert que donnait Richard en soirée. Il conduisait une Town and Country qui n'était pas faite pour tirer une remorque.

Sur le pont de l'autoroute des Laurentides traversant la rivière des Mille Îles, Alain a entendu un drôle de bruit. Il a changé de voie pour se tasser. Il a ralenti, mais la remorque n'a pas suivi ! Elle s'est plutôt ramassée à côté du camion !

— À 100 km/h, voir soudainement ta remorque quasiment te dépasser, t'attrapes ton air !

Heureusement qu'Alain était devenu depuis son accident de la route en 1984 un conducteur adroit. Il a réagi rapidement et avec sang-froid. Il s'est placé devant, et la roue de secours souvent accrochée à l'avant des remorques a servi de tampon entre les deux véhicules. Il a ralenti pour faire également ralentir la remorque. Puis, il s'est arrêté… en pleine voie du centre, créant un embouteillage monstre. Cinq minutes plus tard, les policiers sont arrivés et l'ont aidé à sortir du pont et à se garer sur l'accotement en attendant les remorqueurs. Dès que ces derniers se sont présentés, Alain leur a expliqué qu'il s'en allait faire une installation dans une salle pour un concert et qu'il était déjà en retard. Le dépanneur, qui a compris l'urgence de la situation, a monté la remorque sur sa plateforme de chargement et a suivi Alain jusqu'à la gare Windsor. Le dépanneur a ensuite fait descendre la remorque et Alain a pu la décharger et installer la scène. L'épisode de la remorque n'était pas terminé pour autant : après le spectacle, Alain a dû demander les services d'un autre dépanneur pour la ramener chez Richard.

— Nous n'avons pas eu d'autre choix que d'acheter la remorque professionnelle que nous avions toujours voulue, conclut Alain.

Richard s'est aussi procuré un véhicule utilitaire adéquat pour traîner la précieuse remorque qui, lorsqu'elle n'est pas utilisée, est garée dans le grand garage de sa résidence.

Le rez-de-chaussée comprend deux salles de bains, deux chambres à coucher et une grande pièce qui sert de cuisine, salle à manger et salle de séjour. À l'avant, une autre pièce aux dimensions généreuses, occupée par un grand piano à queue Yamaha C7 de sept pieds et quatre pouces, ainsi qu'une salle de séjour. Richard a embauché un décorateur pour que sa demeure soit à son image, un mélange étonnant mais très beau de simplicité et de faste. Comme lui. Car Richard Abel n'oublie pas ses origines plus que modestes. Et, en même temps, il se permet un peu de ce luxe qui lui a échappé et manqué dans sa jeunesse et tout au long de ces années où il a dû bûcher pour se tailler une place dans l'industrie de la musique du Québec.

Des bibelots en forme de piano provenant de partout dans le monde ornent les étagères et les surfaces des meubles. L'un d'entre eux a été fabriqué par son défunt père et représente Richard à son piano. Les yeux de Richard s'embuent de larmes lorsqu'il le montre.

Des tableaux accrochés aux murs représentant également des pianos, Chopin et d'autres compositeurs, ainsi que Richard lui-même, viennent enrichir cet environnement où la musique est omniprésente.

Dans le répertoire musical de son ordinateur, sur 6 000 pièces, la moitié sont des œuvres classiques, un genre qu'il a découvert grâce à Liberace qui, malgré ses origines classiques, jouait plutôt du populaire.

— Quand il jouait Chopin, j'aimais ça, explique Richard. Puis, l'entendre interpréter d'autres compositeurs, comme Tchaïkovsky, Paderewsky, Rachmaninov ou Gershwin m'a donné le goût d'en jouer aussi. Je ne viens pas d'un milieu où l'on écoutait ce genre de musique. Je le répète, mes parents ont fait leur possible, mais ils ne pouvaient tout simplement pas me transmettre une culture qu'ils n'ont jamais eue. Je suis donc parti de loin. Ni moi ni personne n'aurait pu dire à ce moment-là que, des années plus tard, le classique occuperait plus de la moitié de ma bibliothèque musicale !

Richard est très reconnaissant envers tous ceux qui ont eu la franchise et la générosité de lui dire :

— Richard, il faut t'instruire un peu

Entre autres, Roger Larivière, le professeur de chant qui avait embauché Richard du temps qu'il était au cégep.

— Je parlais très mal, avoue Richard. J'avais des écarts de langage horribles comme « *quand qu'on* » et « *si j'arais* ». Monsieur

Larivière avait un sens de l'humour particulier, et lorsqu'il m'arrivait de dire « *quand qu'on* », il me reprenait en me disant : « Deux *q*, c'est dans un lit, pas dans une phrase ! » Encore une fois, qui aurait dit que, des années plus tard, une de mes passions serait d'être cruciverbiste ?

Richard parle en toute humilité des carences qu'il a dû combler :

— Ces gens m'ont donné des conseils, me recommandaient des livres à lire, des œuvres musicales à écouter. Ils ont eu la gentillesse de me montrer des choses.

Il a aussi mis du sien.

— Le tango se danse à deux, après tout. J'ai dû m'ouvrir l'esprit et dire oui, je veux devenir meilleur. Je voulais m'améliorer. Je le veux encore. Je lis beaucoup sur la culture et la science surtout. Je n'arrête pas d'apprendre.

Vingt ans après l'achat de sa maison, Richard l'aime autant qu'au début.

— C'est mon havre de paix. J'avais peur de me tanner au bout de deux ou trois ans. Après 20 ans, quand je reviens de voyage ou de tournée, je suis toujours heureux de revenir dans mon chez-moi.

Richard avoue cependant avoir connu des déboires sur le plan financier. Il avait voulu assurer son avenir en plaçant 250 000 $ à la Bourse. Il n'en retirait que les intérêts pour se faire plaisir et gâter les siens. Or, il a presque tout perdu au bout de six ans dans le krach Boursier qui a suivi les attentats du 11 septembre 2001 contre les États-Unis. Son capital a fondu.

— Quand j'ai vu qu'il ne restait que 69 000 $, j'ai paniqué et j'ai tout retiré.

Avec le recul, il sait que ce n'était pas la bonne chose à faire. Au lieu de laisser l'argent là et d'attendre que les cours boursiers remontent, il a récupéré ce qui restait de ses investissements. Il a donc perdu beaucoup d'argent.

— Je ne connaissais pas le monde de la finance. Je me suis mal fait conseiller, conclut-il.

Cependant, la carrière, elle, progresse ! Peu après avoir gagné à la loterie, Richard a fait connaissance avec Michael Roy, qui deviendra son gérant actuel. Monsieur Roy avait des contacts en Asie.

— J'avais déjà percé le marché asiatique, notamment avec Joanne Blouin, explique Michael. Il y avait beaucoup de débouchés dans ce coin du monde.

Richard voulait suivre les pas de Richard Clayderman qui avait fait une grande percée sur ce continent.

— Notre première rencontre a eu lieu dans le bureau de son avocat, relate Michael Roy.

Cela peut sembler inusité, mais Richard se protégeait. C'est qu'il avait déjà eu maille à partir avec des gérants, des producteurs et des promoteurs. Et depuis son récent succès et son disque d'or qui continuait toujours de figurer au palmarès des meilleures ventes, Richard était sollicité de toutes parts. Il était sur ses gardes.

— Nous ne nous étions même pas vus avant cette rencontre. Même pas un repas au restaurant. Pas de préliminaires ! commente à la blague Michael Roy.

Ils ont ensuite communiqué par téléphone et Michael a envoyé une proposition que Richard a fait revoir par son avocat. Il était alors en tournée sur des bateaux de croisière sur lesquels il donnait des spectacles.

Au départ, Michael ne devait être là que pour aider Richard à se faire connaître en Asie. Depuis, cette relation a évolué, et Michael assure la gérance de Richard. Ils sont aussi devenus des amis. Ils n'ont d'ailleurs jamais signé de contrat de gérance. Après 20 ans, la confiance va de soi.

— Je n'ai même pas à me poser la question ou à lui demander quoi que ce soit, déclare Michael. Richard me paye ma part, rubis sur l'ongle.

Chapitre 12

Deux fois son tour?

Le 1er avril 1996, Michael a eu la bonne idée, que Richard n'a pas trouvée si bonne, de contacter le chroniqueur artistique Jean-Paul Sylvain du *Journal de Montréal* pour lui demander d'écrire un article annonçant qu'il venait de gagner de nouveau à la loterie.

C'était un poisson d'avril bien drôle, mais dont Richard se serait passé:

— Quand je me suis levé le matin, ma boîte vocale était pleine de messages et de demandes d'entrevues. Mon téléphone n'arrêtait pas de sonner.

Des journalistes, des recherchistes, des amis, bref tout le monde allait aux nouvelles d'un événement inusité: remporter un deuxième gros lot à la loterie.

Quelle veine! Quel hasard!

La blague était bien bonne, mais aussi tout un inconvénient pour Richard. Il a eu beau démentir l'information à maintes reprises, encore de nos jours, on lui demande s'il a vraiment gagné deux fois à la loterie.

— Là, je le dis, une dernière fois, une fois pour toutes, qu'on cesse de propager cette légende urbaine, affirme Richard qui demande de l'écrire en majuscule dans ce livre. JE N'AI JAMAIS GAGNÉ UNE DEUXIÈME FOIS À LA LOTERIE. C'était une blague très réussie, je l'admets, de mon gérant!

Et ce n'était pas la première farce dont il a fait l'objet en raison de ce gain à la loterie.

Peu après avoir gagné, il reçoit un appel prétendument du réalisateur de l'émission de Jojo Savard, une astrologue très populaire et très écoutée qui avait deux émissions en même temps sur deux chaînes différentes, une en français à TVA et une en anglais à CTV. Il proposait à Richard rien de moins que de faire les deux émissions au cours desquelles il aurait l'occasion de promouvoir son nouvel album. En contrepartie, il devait dire qu'il avait joué les numéros que lui avait donnés Jojo Savard. Or, ce n'était pas vrai. Les numéros gagnants étaient ceux de Claude, le père de Richard.

— J'ai un problème avec ça, avait répondu Richard. C'est un mensonge.

— Il ne faut pas être plus catholique que le pape, avait rétorqué le type au téléphone. Ce n'est qu'un petit mensonge de courtoisie. Il ne faut pas être aussi prude.

L'interlocuteur a poursuivi en promettant à Richard qu'il vendrait beaucoup de disques grâce à sa présence à l'émission.

Richard refusait toujours.

Jojo Savard a alors pris la relève:

— Je t'aime, je t'aime, je t'aime, mon beau Richard. Je suis tellement heureuse que tu acceptes... je t'attends avec impatience...

— Je comprends maintenant pourquoi vous êtes si populaire, vous êtes si convaincante! Malheureusement, je ne peux pas...

— Je ne veux rien entendre, je t'attends mercredi soir...

Richard ne pouvait pas se résoudre à ce mensonge. Il pensait à ses fans dont certains n'étaient vraiment pas riches et à toutes ces personnes vivant de l'aide sociale qui allaient jouer le peu d'argent qu'ils avaient à des loteries en se disant: «Si ça a marché

avec Richard Abel, pourquoi ça ne marcherait pas avec nous ? »
Il les voyait composer le numéro 1-900 de Jojo qui, lorsqu'on le composait, facturait automatiquement une petite somme au compte de téléphone de la personne qui appelait pour obtenir des numéros bidon.

Richard avait beau dire non, qu'il ne le ferait pas, Jojo insistait.

Puis, elle laissa sa place au réalisateur :

— Comme ça, on peut compter sur vous pour l'enregistre-ment de mercredi ?

Voyant qu'il n'avait pas réussi à convaincre Richard, il a ajouté :

— C'est dommage, car un grand artiste avait accepté d'y aller avec vous !

— Je lui ai répondu : « Ah oui ! Qui ? »

— Tex Lecor des *Insolences d'un téléphone* ! Comment ça va, Richard ?

— J'ai bien ri !

Puis Richard ajoute

— Qui ne veut pas s'enrichir ? Je le veux comme bien des gens, mais pas à n'importe quel prix, sinon ça devient de la cupidité. Si j'avais accepté, vous vous imaginez ce qui serait arrivé ? Je n'ose même pas y penser !

Depuis, Tex Lecor et Richard Abel se vouent un grand res-pect mutuel. Ils ont du plaisir chaque fois qu'ils se rencontrent.

Chapitre 13

D'un disque à l'autre

En février 1996, les ventes de *Pour le plaisir, volume 1* avaient atteint plus de 80 000 exemplaires. Devant ce succès inattendu, le même agent qui avait fait la production d'*Instrumental memories* quatre ans plus tôt, avant de libérer Richard de ses engagements contractuels, a voulu ressortir l'album qu'il avait produit.

— Il n'avait même pas à me demander la permission, puisqu'il était propriétaire des bandes maîtresses. Il n'avait qu'à me verser mes redevances.

Cela arrive souvent lorsque de grands artistes redeviennent tout à coup populaires ou lorsqu'ils meurent. Des producteurs ressortent alors des enregistrements de l'artiste ou produisent des albums souvenirs.

Dans la publicité télé que Richard avait réalisée, la couverture de son disque apparaissait avec une étoile clignotante signalant qu'il avait atteint le statut de disque d'or. Pour sa part, le producteur voulait intituler le sien *Richard Abel, un disque en or*, ce qui aurait semé la confusion chez le consommateur.

— Pratiquement, il utilisait ma publicité. Ce n'était pas très *fair-play* de sa part! explique Richard qui a intenté une poursuite en injonction contre ce producteur.

Au juge, les trois avocats de Richard ont présenté leur argumentation:

— Supposez que vous avez déjà acquis l'album *Pour le plaisir*. Chez le disquaire, vous trouvez ce qui semble être un nouveau disque de Richard Abel. En effet, la pochette et le titre sont différents de celui que vous avez déjà en main. Vous souviendrez-vous des titres des pièces jouées sur celui dont vous êtes déjà en possession? C'est pire encore avec la musique instrumentale. Donc, vous tenez pour acquis qu'il s'agit bel et bien d'un nouvel album de Richard Abel. En plus, la publicité à la télévision parle d'un disque d'or, et l'album de ce producteur s'appelle *Un disque en or*. Les gens qui l'achèteront seront persuadés que c'est le petit dernier de Richard Abel. Ce qui n'est pas le cas. Le producteur a le droit de sortir son disque, mais il crée de la confusion. Pire encore, quand les gens se rendent compte que c'est le même disque qu'ils ont déjà, qui pensez-vous qu'ils estiment en faute? Pas le producteur. Ils ne connaissent pas ça, un producteur, ou un agent, ou un promoteur. Ils vont dire que Richard Abel n'est pas honnête et qu'il vient de nous berner. Il nous laisse croire qu'il a sorti un nouvel album, alors qu'il n'a changé que la pochette.

La démonstration a convaincu le juge qui lui a accordé une injonction à 16 heures le vendredi. Il était minuit moins une! Les disques du producteur étaient prêts à être livrés dans les magasins dès le lundi.

— Si les disques avaient déjà été livrés, il aurait fallu envoyer la copie de l'injonction à tous les magasins. Imaginez!

Le producteur a alors proposé à Richard d'acheter ses bandes maîtresses.

— Ne me facture pas un prix de fou. Seulement combien ça t'a coûté !

Avec son gain à la loterie, Richard avait les moyens de le faire.

Plusieurs années plus tard, en 2011, Richard a complètement refait lui-même le disque en y ajoutant quatre nouvelles pièces. Le disque s'intitulait *Instrumental memories, nouvelle version*.

Richard a également repris les droits de son disque *Noël au piano*. Il l'a ressorti sous sa propre étiquette. C'était la troisième édition de ce disque. D'abord, Richard l'avait déjà sorti lui-même. Après son Félix de 1992, son producteur de l'époque l'avait ressorti avec une autre pochette. Et là, Richard le reprenait une autre fois.

— Je suis certain qu'il est disque d'or. Mais comme chaque édition a son propre code-barres, il n'est pas permis de cumuler les ventes pour en faire un disque d'or.

La reconnaissance et le succès sont enfin au rendez-vous pour Richard Abel. Après avoir obtenu un prix Félix pour *Noël au piano* en 1992, il en reçoit un second pour l'album *Pour le plaisir, volume 2*, en 1997.

Lorsqu'il obtient sa deuxième statuette au gala de l'ADISQ, Richard fait une sortie publique en heure de grande écoute à la télévision de Radio-Canada dans laquelle il dénonce les radios qu'il accuse de bouder la musique instrumentale.

— Comment est-ce possible qu'un disque vendu à 100 000 exemplaires ne passe pas à la radio ? lance-t-il.

Richard a ainsi suivi l'exemple de Luc Plamondon qui, 15 ans plus tôt, avait lui aussi fait une allocution virulente lors du même gala. Par contre, il avait gardé sa gentillesse habituelle lors de son discours. On se rappellera que Plamondon, lui, avait été sévère dans sa dénonciation des producteurs qui s'opposaient à la refonte du système de redevances des droits d'auteur. Les auteurs-compositeurs ne recevaient que deux cents par œuvre pour chaque exemplaire vendu — une somme inchangée depuis 1924. Au fil des années, elle est passée à environ 10 cents.

Richard Abel trônait désormais là où il voulait être depuis plus de 20 ans, au firmament des étoiles québécoises de la musique. *Pour le plaisir, volume 2* venait d'être certifié disque d'or alors que *Pour le plaisir, volume 1* avait été certifié platine deux ans plus tôt.

Il avait atteint son but. Il était invité sur les grands plateaux de télévision, son visage se retrouvait à la une des journaux et des revues artistiques, on l'arrêtait dans la rue pour lui demander un autographe. Il était désormais un artiste populaire.

— Tout un exploit, renchérit son gérant Michael Roy, car une vedette instrumentale perce plus difficilement qu'un chanteur. Richard l'a voulu, y a cru et y a travaillé très fort. Tu as beau avoir tout le talent du monde, si tu ne travailles pas, tu n'y arriveras pas. On dit souvent « 10 pour cent d'inspiration et 90 pour cent de transpiration ». C'est vrai.

En plus de la sécurité financière que lui avait apportée son gain à la loterie, Richard pouvait se concentrer davantage sur son art. Il s'exerçait au piano et composait de nouveaux arrangements pour ses albums et spectacles à venir.

Fort de son succès et de son aisance financière, Richard Abel aurait pu s'asseoir sur ses lauriers et vivre une petite vie paisible dans sa belle grande maison. Mais non, il n'était pas comme ça. D'abord, sa passion pour la musique l'en empêchait et il avait besoin — un besoin ancré en lui — de continuer.

Et puis, il respectait beaucoup trop son public, ses fans, pour les laisser ainsi.

— Allez demander à quelqu'un dont la passion est le golf, lance Richard, s'il veut arrêter de jouer parce qu'il devient riche. Je le vois de la même façon !

En 2000, le projet grandiose de produire un album populaire de musique classique est né. Il s'agit d'un album double intitulé *Inspiration classique*.

Et ça ne s'arrêtait pas là. Richard allait enregistrer son nouveau disque avec un grand orchestre.

Son gérant, Michael Roy, connaissait bien l'Orchestre philharmonique de Prague, et savait que, malgré les frais du voyage, cet orchestre coûterait moins cher qu'un grand orchestre nord-américain. Cela dit, le prix à payer était quand même élevé. Lors de l'enregistrement, l'orchestre à lui seul a coûté plus de 550 $... la minute !

— Quand le chef levait sa baguette, une petite lumière rouge s'allumait, le compteur partait. Nous avons enregistré les 14 pièces de l'album deux fois et je gardais la meilleure version des deux. Nous avons donc réalisé 28 enregistrements. Je suis fier de dire que je les ai tous faits sans jamais arrêter pour reprendre ! Mais mon Dieu que je m'étais bien préparé pendant une année entière. Jamais dans ma vie je n'ai été aussi discipliné. C'est vraiment ici que j'ai appliqué le conseil de Liberace à la lettre.

Et Richard s'était assuré d'une couverture médiatique. Il avait invité en exclusivité l'animateur Michel Jasmin du réseau de télévision TVA, et embauché une équipe de tournage. Monsieur Jasmin a tourné pendant l'enregistrement et a interviewé Richard. Le tout a donné une émission spéciale qui a coïncidé avec la sortie du coffret.

— Ça a été un deuxième disque platine.

Aurait-il pris un tel risque et dépensé 150 000 $ s'il n'avait pas gagné à la loterie ? Même sans la loterie, Richard en avait les moyens, car il vendait beaucoup de disques depuis quelques années.

— J'ai toujours démenti la rumeur selon laquelle je me suis payé une carrière avec mon gain à la loterie et nous venons d'en faire la démonstration.

Richard a réalisé un rêve, mais c'était aussi tout un défi à relever.

Pendant l'année précédant cet enregistrement, comme il l'a déjà mentionné, il s'est imposé une discipline de moine. Il a répété les pièces tous les jours avec le plus grand des sérieux.

— À Prague, nous logions au Hilton et tous les matins à six heures et demie, j'allais nager. Je faisais 40 longueurs. Parfois, j'arrivais à la porte de la piscine avant même que le préposé y soit. J'étais comme un athlète qui s'entraîne pour la compétition.

Puis, après un petit déjeuner santé, il prenait un taxi vers huit heures et demie pour se rendre au studio. À neuf heures, les musiciens entraient, et l'enregistrement commençait.

— Nous enregistrions trois ou quatre pièces chaque jour, deux l'avant-midi et deux en après-midi. Il faut se rappeler que nous enregistrions chacune des pièces deux fois.

Richard a adoré jouer avec cet orchestre.

— Il n'y avait pas de contraintes syndicales. À un moment donné, je demande au chef d'orchestre : « À quelle heure votre pause est-elle prévue ? » Il m'a répondu tout simplement : « Quand nous serons fatigués ! »

L'année suivant son retour de Prague, et à la suite du succès de ce disque, Richard a donné un concert à la salle Wilfrid-Pelletier de la Place des Arts de Montréal avec l'Orchestre métropolitain de Montréal, fondé par le philanthrope Pierre Péladeau. Pendant la répétition, en pleine exécution d'une pièce, les musiciens se sont brusquement arrêtés de jouer. Richard a levé la tête pour regarder tout le monde avec une certaine stupéfaction. Un musicien lui a dit tout simplement : c'est la pause syndicale !

— Ne même pas prendre le temps de finir une pièce, il faut le faire ! Mais, c'est comme ça que ça fonctionne ici, conclut Richard.

À Prague, les musiciennes et musiciens étaient tout simplement adorables, et un jour, voulant leur montrer sa reconnaissance,

Richard a décidé d'offrir de la pizza à tout le monde. Les musiciens lui ont dit qu'ils n'avaient jamais vu ça! Or, à Prague, dans les restaurants, il y avait deux prix indiqués sur les menus: celui pour les résidents et un autre pour les touristes. Un employé de l'orchestre a proposé de passer la commande auprès du restaurateur.

— J'ai économisé ainsi beaucoup d'argent. Encore une fois, quelle gentillesse de leur part!

Après les sessions d'enregistrement, Richard rentrait à son hôtel et il prenait un souper léger avant d'aller se coucher tôt.

Tôt? Richard Abel? Bien oui!

— Discipline oblige! admet Richard.

Richard tenait à faire quelque chose de bien, même d'impeccable. Sachant qu'il n'était pas un pianiste classique au départ, cela devenait un double défi pour lui.

— Aujourd'hui, très humblement, je dirais que lorsqu'on écoute cet album, on entend dans certaines pièces que je joue seul au piano. Si cela relevait uniquement de moi, j'enlèverais certaines valses de Chopin que je trouve très ordinaires.

Par contre, Richard est très fier du résultat pour les 14 pièces qu'il a enregistrées avec l'orchestre:

— Elles étaient toutes à mon goût. Je pense avoir fait une très belle version de *Entr'acte* de Bizet, qui est une de mes pièces préférées sur cet album. Il y avait aussi *Plaisir d'amour*, *Sur les Ailes du rêve* de Mendelssohn, *Berceuse* de Mozart et *Ave Maria* de Bach-Gounod que j'aime particulièrement. Il faut dire que les merveilleux arrangements de Guy St-Onge y étaient pour beaucoup. Lors des répétitions, après la première lecture de plusieurs pièces, les musiciens de l'orchestre frappaient leur archet sur leur lutrin en guise d'applaudissements, soulignant ainsi la qualité des arrangements. J'ai fait trois disques avec Guy St-Onge qui m'a fait grandir musicalement. Je lui en serai toujours reconnaissant.

Ce disque a été beaucoup joué à la radio, notamment à Radio-Classique, surtout la première pièce de l'album, *Les amours lointaines*, à laquelle Richard est persuadé qu'il doit le succès de cet album. Jean-Pierre Coallier lui a raconté que c'était incroyable le nombre d'appels que la station recevait chaque fois qu'elle tournait.

— J'ai vraiment eu une belle collaboration avec cette station du temps de Jean-Pierre. C'est pourquoi, à deux reprises, je suis allé y porter un disque d'or et platine avec son nom gravé dessus. C'était la moindre des choses pour tout ce qu'il a fait pour moi.

Succès commercial, mais aussi un succès d'estime. Les critiques ont bien accueilli *Inspiration classique*. Et l'ADISQ lui a décerné un prix Félix pour l'album musical de l'année en 2001. C'était le troisième en carrière pour Richard.

Il faut préciser que pour le Félix, catégorie album instrumental de l'année, les amis, les fans, la parenté ou le public ne peuvent pas voter. C'est un jury spécialisé qui décerne le prix.

Pour Richard, à qui il n'arrivait pas si souvent d'être reconnu par ses pairs, un tel honneur était une grande source de bonheur et de fierté.

Inspiration classique sera également mis en nomination au prix Juno de l'industrie de la musique du Canada anglais.

Chapitre 14

Alain veut voler de ses propres ailes

Au début de leur association et à cause de leur travail commun, Alain et Richard prenaient leurs vacances en même temps, parfois ensemble. En 1991, en économisant un peu et surtout grâce à un forfait bon marché, les deux s'étaient rendus à Cuba.

Au cours de ce séjour, Alain était tombé amoureux d'une Cubaine. Follement épris, il l'avait invitée à le visiter au Canada, mais les autorités cubaines avaient refusé le visa de sortie requis à cette dernière par crainte qu'elle ne revienne plus. Alain est retourné à Cuba en janvier 1992 pour l'épouser et ainsi la parrainer pour qu'elle puisse le rejoindre au Canada. Lorsqu'elle est arrivée à Montréal quelques mois plus tard, elle n'était plus la même femme. Elle refusait constamment les avances de son nouveau conjoint, indiquant qu'elle avait mal à la tête ou au ventre. À l'automne, elle dit devoir se rendre d'urgence pour visiter sa famille à Miami. Alain lui a payé le voyage. Mais lors du vol de retour prévu, Alain est allé la chercher en vain à l'aéroport. Elle n'y était pas. Elle n'est jamais revenue.

— Richard m'a ramassé à la petite cuillère, confie Alain.

Lors de la tournée de centres commerciaux, l'amoureux rejeté installait la scène et l'équipement. Mais après, il retournait se cacher dans l'automobile où il allait lécher ses plaies en solitaire. Sa peine d'amour l'avait rendu insomniaque. Il en vomissait, comme il le faisait si souvent quand il était bouleversé.

— Pauvre Richard, il n'avait plus son bras droit et devait tout faire tout seul, spectacle et vente de disques.

Alain s'est remis après quelques semaines, juste à temps pour la fin de la tournée qui coïncidait avec le magasinage des fêtes.

Il a pu obtenir le divorce quelques années plus tard.

Mais en 1996, un autre événement allait marquer la vie d'Alain. Ce dernier louait l'appartement que Richard venait d'aménager au deuxième étage de sa belle demeure achetée grâce à son gain à la loterie.

— J'avais beau avoir mon entrée privée extérieure, celle de l'intérieur était toujours là, précise-t-il.

En plus, Richard avait fait installer un interphone. Il pouvait contacter Alain au besoin. Sauf que ce dernier trouvait que Richard l'appelait trop souvent et le dérangeait dans son intimité.

Un problème pour Alain qui venait de s'éprendre d'une autre femme. Il devenait clair que l'arrangement qu'il avait avec Richard, c'est-à-dire de faire le ménage, les courses et les repas en échange d'un hébergement, ne lui convenait plus.

Alain n'en parlait pas ouvertement, mais la tension montait.

Le tout a éclaté au grand jour lorsque sa petite amie a rompu avec lui. Alain broyait du noir.

— Je suis triste, crissez-moi patience ! avait-il alors lancé à Richard et à son entourage.

La dispute qui suivit allait changer à jamais la relation d'affaires et d'amitié entre lui et Richard.

Les deux partenaires se sont entendus pour qu'Alain puisse quitter son emploi à la fin de l'année. Le mois suivant, Alain déménageait dans son propre logement. Il libérait ainsi celui situé au deuxième étage chez Richard, que la mère de ce dernier occupe depuis.

Par contre, le rêve d'Alain de voler de ses propres ailes est devenu un cauchemar. Il peinait à trouver du travail et a dû demander l'aide sociale. Mais c'était insuffisant pour payer son loyer, l'électricité et la nourriture.

Il a dû marcher sur son orgueil et rappeler Richard pour retourner travailler pour lui. Cette fois, c'était seulement pour la musique et les spectacles. Fini le ménage et le reste.

— Nous avons recommencé sur de nouvelles bases, conclut Alain.

Il reste des choses qui ne changeront jamais. Alain et Richard ne vivent pas sur le même fuseau horaire. Alain, désormais père de deux enfants, doit se lever tôt pour s'occuper de sa marmaille. Or, Richard est un oiseau de nuit. C'est normal, depuis le temps qu'il faisait les pianos-bars. Il est difficile d'être sur pied tôt quand on se couche à quatre heures, voire cinq heures du matin.

— Je faisais mon dernier spectacle très tard, souvent à deux heures du matin, explique Richard.

Les pianos-bars n'étaient pas de tout repos. Il fallait parfois endurer des spectateurs ivres et désagréables, et Richard travaillait très fort pour garder l'attention de l'auditoire.

— Les applaudissements et l'appréciation ne comblent pas tous ses besoins, explique Alain. Il a beau aimer son public, la relation demeure anonyme.

Yvon Deschamps a déjà dit aux gens venus l'écouter qu'il les aimait, mais comme une masse anonyme. L'humoriste concluait ainsi :

— Individuellement, je ne veux rien savoir de vous autres.

Richard ne partage pas cette façon de voir les choses, mais il est certain qu'il ne peut pas accepter toutes les invitations qu'il reçoit des spectateurs! Par contre, après les représentations, il adore sortir pour manger, que ce soit avec ses amis venus le voir, avec les musiciens ou avec les organisateurs. Et s'il rencontre des gens du public au restaurant, il se fait un plaisir de leur parler, de se faire prendre en photo avec eux et de signer des autographes.

Entouré des siens, Richard est tel un roi qui tient sa cour, mais sans la prétention qui vient avec. Il raconte des blagues, souvent très salées. Les gens sont morts de rire, et cela le revalorise énormément. Il rend les gens heureux avec sa musique et ses spectacles, et ses proches, avec sa façon d'être. Le pianiste souligne qu'il n'est d'ailleurs pas toujours le centre de l'attention lors de ces soupers de couche-tard. Il arrive que cet honneur revienne à des musiciens qui l'accompagnent ou à des membres de son équipe.

— Si rire pour Richard est une drogue, précise Alain, moi j'ai besoin de rentrer et de me reposer, car j'ai souvent « eu ma dose »!

Il est vrai qu'en tant que directeur technique, Alain doit arriver avant tout le monde pour organiser la scène et installer l'équipement. À la fin, il doit tout remballer! Ça lui fait souvent des journées de 15 heures de travail et parfois plus.

De nos jours, Alain et Richard voyagent séparément pour se rendre sur les lieux de leurs engagements et en revenir. Alain n'a plus à veiller aussi tard après les concerts de Richard, et à « subir » les blagues de son ami. Car, après toutes ces années, il les connaît par cœur. Il sait dans quel ordre Richard va les raconter, à quel moment les gens vont rire. Alain, lui, n'en rit plus.

— Ses *jokes*, *p'us* capable, dit en rigolant Alain.

Ce qui ne l'empêche pas d'admirer la fidélité dont Richard fait preuve envers ses fans, avec lesquels il est très généreux. Après les spectacles, il les rencontre, leur parle individuellement, signe des autographes. Il reste dans le hall d'entrée de la salle jusqu'à ce qu'il ait rencontré le dernier qui attendait en file pour le voir. Ça indisposait aussi Alain dans le temps qu'il devait l'attendre…

D'autres artistes font souvent inclure une clause dans leur contrat dans laquelle ils spécifient qu'ils refusent de rencontrer les fans après le spectacle, de signer des autographes, d'être pris en photo avec eux, allant même jusqu'à exiger une autre sortie à l'écart du public. Ce n'est pas le cas de Richard !

— C'est un patron exigeant, ajoute Alain.

— Ça va de soi, précise Michael Roy, son gérant. C'est un gars minutieux qui donne le meilleur de lui-même.

Richard Abel a un nom et une réputation à défendre. « Ça va faire la job » n'est pas assez pour lui.

Il peut tolérer l'erreur qui n'est pas le résultat de la négligence. Par contre, il passe difficilement par-dessus la négligence.

Alain en sait quelque chose, car il a eu quelques disputes avec Richard à ce sujet. Ainsi, il avait fait une faute sur une feuille de musique qui avait causé un problème en spectacle. Il avait promis de la corriger, mais, dans le feu de l'action, il avait oublié de le faire. Au bout de quelques concerts, l'erreur n'avait toujours pas été corrigée. Richard en a eu assez et l'a réprimandé devant tout le monde.

Alain n'a pas aimé ça et a dit à son patron :

— Tu ne pourrais pas attendre un peu et me parler à part ?

— Je ne peux pas faire ça, avait répondu Richard. Je suis furieux sur le coup. Je ne peux pas me calmer pour me refâcher plus tard. C'est maintenant ou jamais.

Au fil des années, Richard a changé. Des gens qui avaient été témoins de ses colères contre Alain lui en avaient parlé.

— Après tout, quand je me fâche devant les gens, c'est moi qui parais mal, avoue aujourd'hui Richard. En vieillissant, j'ai appris à éviter ça.

Chapitre 15

Dring! Dring! C'est le Centre Bell qui appelle.

En 2005, Richard Abel a atteint encore un nouveau sommet. Ses albums se vendent comme des petits pains chauds. Depuis 10 ans, il a obtenu deux disques platine, trois disques d'or, ainsi que deux vidéos certifiées or. De plus, il est reconnu par ses pairs avec trois Félix.

Et les grands distributeurs se l'arrachent. Enfin, ses disques se retrouvent sans difficulté sur les étagères des disquaires. En 2000, il était chez Sélect. Trois ans plus tard, il se joint à DEP. Comme beaucoup d'artistes, il s'est promené de l'un à l'autre pendant toute sa carrière.

Et il a donné des spectacles dans les plus grandes salles du Québec.

On parle de lui dans les journaux, il est invité à la télévision et à la radio.

Il est enfin devenu la vedette qu'il espérait être.

— Il faut le faire, explique son agent, Michael Roy. Les artistes de musique instrumentale n'ont pas une cote comparable à celle des chanteurs.

À cette époque, Michael voyait aussi grand que Richard, et ce qui a suivi allait dépasser toutes les attentes.

Un ami de Michael, Aldo Giampaolo, l'actuel gérant de Céline Dion, était président-directeur général du Groupe Spectacles Gillett, aujourd'hui connu comme le groupe Evenko. Le Groupe Gillett organisait des grands événements artistiques, dont ceux qui avaient lieu au Centre Bell à Montréal. Michael a approché Aldo pour lui proposer un spectacle au Centre Bell. Aldo a trouvé l'idée bonne.

La pression était forte. Pendant neuf mois, Richard n'a fait aucun autre spectacle ni aucune tournée.

— Si tu veux remplir cet amphithéâtre, il faut se faire désirer, explique Michael. Si tu es présent dans les autres salles en région et si tu donnes des concerts ici et là, tu brûles ton auditoire.

Mais pas de concert, pas de spectacle = pas de cachet. Et Richard n'aimait pas ça. Il avait déjà assez connu la misère dans le passé. Il ne voulait surtout pas y retourner, lui qui avait essuyé une grosse perte financière en retirant ses placements dans le krach boursier qui avait suivi les attentats d'Al-Qaïda contre les États-Unis en 2001.

— Il a beaucoup rouspété, se rappelle Michael. Mais il a accepté.

Richard a profité de cette pause pour concevoir le spectacle qu'il allait présenter. Ce serait un spectacle viennois avec des valses comme le réclamaient ses fans. S'il y avait une chose qui lui tenait à cœur, c'était ses fans. Son fan-club comptait plus de 10 000 membres. Il voulait leur faire plaisir et leur en donner pour leur argent en leur en mettant plein la vue.

Et ça a marché.

Au départ, la configuration de la salle proposée était la même que celle utilisée auparavant par Gregory Charles, qui permettait d'accueillir 5 500 personnes. Les places s'étant vendues en quelques semaines, le Centre Bell a contacté Richard et son gérant. Devant la demande, la direction proposait de reculer la scène d'une section. Cela donnait la configuration utilisée pour le violoniste André Rieu, et ajoutait 2 000 sièges.

— J'ai eu à peu près 6 500 personnes. Il y avait entre 200 et 300 billets donnés en tirage et en concours. On a donc certainement vendu 6 200 billets. C'était un succès !

— En 2005, peu d'artistes québécois auraient pu se vanter d'avoir attiré un tel auditoire, précise Michael. Et en plus, Richard fait de l'instrumental. Disons-le, c'est un exploit.

Le 16 octobre 2005, deux minutes avant d'entrer en scène, le photographe l'a invité à aller voir la salle :

— Les lumières sont encore allumées, et tu peux regarder toutes les personnes présentes. Tu ne les verras plus tantôt quand elles seront tamisées. Il fera trop sombre pour voir ça.

Le photographe a alors pris une photo qui est devenue la préférée de Richard.

Dans le livret inséré dans la pochette de son disque *Richard Abel, Plus de 25 ans de musique*, il avait inclus cette photo. Il avait inscrit la légende suivante : « Un des plus grands moments de ma carrière : mon premier spectacle au Centre Bell. Cette photo a été prise quelques minutes avant que je monte sur scène et encore aujourd'hui, lorsque je la regarde et que je vois les 6 500 personnes qui sont venues me voir, je ressens dans ma poitrine les mêmes papillons. »

À quelques minutes de son entrée en scène, Richard avait le trac comme jamais il ne l'avait ressenti auparavant :

— Si tu places une planche d'un pied de large environ d'un bout à l'autre de la pièce, tu vas pouvoir marcher dessus sans crainte. Mais si tu installes la même planche entre deux édifices, tu ne pourras pas. C'est une question de perspective. C'est la même chose avec mes spectacles.

Pour lui, une salle de 1 500 personnes ou moins, comme la salle Maisonneuve de la Place des Arts de Montréal, ou celle du Capitole à Québec avec ses 1 100 sièges, ou encore la salle André-Mathieu avec sa capacité de 800 spectateurs à Laval, ça ne l'énervait pas. Mais quand il a fait la salle Wilfrid-Pelletier de la Place des Arts en 1988, en 2001 et plus récemment en 2015, avec ses 3 000 places, c'était autre chose. Puis là, le Centre Bell et les 6 500 spectateurs, la planche était haute !

— Je me demande encore aujourd'hui si l'auditoire a senti qu'au début, j'étais nerveux. Au moins, contrairement au concert privé devant le prince Philip, ici les gens m'ont applaudi lorsque je suis arrivé sur scène ! J'ai été nerveux pendant les deux premiers morceaux. Après, c'était correct.

Le spectacle a commencé avec l'intro de l'orchestre. Richard avait embauché 40 musiciens, tous vêtus en style viennois digne de l'époque de l'impératrice Sissi. Il avait loué tout ce qu'il avait pu trouver de vêtements de cette époque viennoise au costumier de Radio-Canada. Il aurait voulu également leur faire porter des perruques blanches, ce qui aurait été majestueux. Mais c'était trop cher et surtout trop compliqué à gérer pendant les changements scéniques. Ils ne l'ont fait que pour l'affiche, et ça avait été toute une aventure ! Plusieurs s'étaient plaints d'inconfort et de picotements, et ce n'était que pour une séance photo ! Pas question, donc, de retenter l'expérience sur scène.

Richard avait également réussi à obtenir les rideaux de scène que Céline Dion avait utilisés pour sa tournée The *Colour of my love*. Les Productions Feeling les vendaient par l'entremise de la firme de production Solotech pour 11 000 $. Richard a négocié et a pu les avoir pour 3 000 $.

Richard avait aussi ajouté un lustre au plafond et un chandelier sur son piano.

Lui-même était vêtu d'un costume approprié, tout y était. Le Centre Bell était devenu, pour un soir, une salle de bal digne de Vienne à la belle époque des valses.

Copiait-il son idole, Liberace ?

Des critiques le lui ont reproché plusieurs fois dans sa carrière. Richard s'en est toujours défendu.

— J'ai peut-être contribué à cette image qu'on m'a plaquée, reconnaît-il. Mais c'est tellement beau, un chandelier sur le piano.

On a attribué ce décorum à Liberace. Pourtant, cette mode existait depuis beaucoup plus longtemps. Afin de lire leurs feuilles de musique, Chopin et d'autres musiciens de l'époque plaçaient un chandelier sur leur piano. Aussi bien en choisir un beau !

— J'ai appris que Liberace avait vu un film sur Chopin dans lequel celui-ci jouait au piano. Un superbe chandelier trônait sur l'instrument. Et il s'est dit : « Tiens, je vais faire comme lui. »

Quant aux costumes, Richard Abel n'en a porté que lorsque le concept le justifiait.

— Lorsqu'on va voir *Notre-Dame de Paris*, les comédiens et les chanteurs portent des costumes de l'époque, explique Richard. Et dans un spectacle de musique country, les artistes sont également habillés en conséquence. C'était un *show* viennois, on était habillés dans le style. Et si nous avions été groupe rock, nous aurions porté des vêtements appropriés !

Pour sa part, Liberace avait fait sa marque de commerce de ses accoutrements outranciers. Ses costumes étaient plus extravagants d'un spectacle à l'autre. Il aimait être ostentatoire. Richard, non, même s'il ne lui déplaisait pas d'en mettre plein la vue.

Si beaucoup de gens croient encore que Richard imite Liberace en portant des costumes extravagants, c'est peut-être parce que le premier DVD qu'il a enregistré en contenait beaucoup.

Un producteur chinois qui s'était intéressé à Richard avait d'ailleurs pris l'avion jusqu'au Québec pour le voir en concert et lui avait fait une proposition.

— En Chine, nous aimons les costumes, avait-il dit au pianiste. Si vous pouviez produire une vidéo avec beaucoup de costumes, ça ferait mon affaire.

— Je l'ai fait pour lui, dit Richard. Je crois que cette vidéo a alimenté la perception que j'imitais Liberace.

Le Centre Bell était une énorme production avec des effets spéciaux, de grands écrans et des caméras un peu partout.

À la demande de ses fans, Richard a joué entre autres des valses de Strauss, ainsi que son fameux pot-pourri de *The Sound of music*.

Il avait aussi organisé un moment magique pour Monsieur Pointu, un violoneux que Gilbert Bécaud affectionnait et avec lequel il a fait le tour du monde deux fois. Monsieur Pointu avait rejoint Richard sur la scène pour jouer *La valse Christine* qu'il avait composée en l'honneur de la naissance de sa petite-fille du même nom. Il avait offert sa composition à Richard, de même que les droits d'auteur, en lui demandant d'en faire une grande valse, et à la condition de ne jamais en changer le titre. Ce que Richard a promis.

Ce soir-là, Monsieur Pointu, atteint d'un cancer des os, était hospitalisé et mourant. Il avait demandé à son médecin de trouver un moyen de lui permettre d'aller passer quelques heures au Centre Bell pour recevoir son hommage. Le médecin lui avait collé des timbres de morphine dans le dos.

— Que d'émotions pour lui et pour nous ! raconte Richard. Quand il est arrivé sur la scène avec son habit tout blanc et son chapeau, la foule lui a fait une ovation !

Par contre, ce dont Richard n'a jamais parlé auparavant en raison de l'immense respect qu'il avait envers lui et aussi du cancer au stade avancé dont il souffrait, c'est que Monsieur Pointu avait de sérieux problèmes de justesse au violon. Cela s'entendait lors des répétitions.

— Je ne voulais pas que les gens s'en rendent compte, dit Richard. Je voulais qu'ils gardent un bon souvenir de ce grand violoneux. J'ai alors demandé à mon équipe technique de s'arranger pour que Monsieur Pointu entende son violon dans ses moniteurs sur scène. Par contre, dans la salle, j'ai demandé à une de mes excellentes violonistes, Vanessa Blais-Tremblay, de jouer ce qui serait entendu par la foule. Monsieur Pointu et les spectateurs n'y ont vu que du feu. Certes, j'étais mal à l'aise de tromper le public, mais, dites-moi, avais-je vraiment le choix ? Oui, diront certains. Mais si c'était le vrai son du violon de Monsieur Pointu qu'ils avaient entendu, beaucoup de gens se seraient rendu compte de son manque de justesse et auraient trouvé ça triste, voire pathétique. On m'aurait peut-être même reproché de l'avoir invité sur scène dans sa condition. Je précise que cela avait été décidé plusieurs mois avant qu'il ne tombe sérieusement malade. Annuler sa participation au spectacle l'aurait certainement beaucoup peiné. En optant pour ce que j'ai fait, j'ai donné du bonheur à cet homme qui n'avait jamais joué au Centre Bell.

Avant de disparaître, peu de temps après ce concert, Monsieur Pointu disait à qui voulait l'entendre qu'il n'aurait pas pu vivre un aussi beau moment avant de mourir.

— Devant un si beau témoignage, je me suis dit que ce petit mensonge de « courtoisie » auprès du public n'avait finalement pas été un si mauvais choix.

Il ne faut pas croire que Richard s'est enrichi avec ce spectacle. Avec 40 musiciens sur scène et 5 jours de répétitions, les orchestrations, le son, le décor, les éclairages, les costumes d'époque et tout le reste, ce concert avait coûté tellement cher qu'il aurait fallu donner une deuxième représentation pour qu'il soit payant.

Pourtant, c'est ce qui était prévu au départ. Le club de hockey Le Canadien était en grève, un conflit qui a duré presque un an.

— On devait faire une deuxième soirée. Nous avions le choix de le faire, étant donné que l'amphithéâtre était disponible, précise Michael.

C'était avant la fin de la grève. Le Canadien jouait entre les jours désignés.

— Nous n'avions pas assez de temps pour faire le montage et le démontage, continue Michael.

— On avait vendu pour environ 321 000 $ de billets. Mais à la fin, il ne m'est resté que 2 500 $ à peu près, explique Richard. C'était avant de me rendre compte que j'avais oublié une facture. Donc, il ne m'est même pas resté 1 500 $. Tout ça pour avoir travaillé en fou pendant un an.

Par contre, le téléphone n'a pas cessé de sonner au cours des trois années qui ont suivi. *Elegancia* a été présenté 175 fois et vu par plus de 80 000 personnes. Le CD s'est vendu à plus de 40 000 exemplaires. Un DVD du spectacle lors de la représentation au Capitole de Québec a été certifié platine.

— J'en ai quasiment fait un *burnout*, raconte Richard.

Mais le plaisir de Richard Abel a été gâché dès le lendemain du spectacle quand il a lu la critique dans *La Presse*.

«Richard Abel au Centre Bell: d'un kitch...», tel était le titre.

Signé par Jean-Christophe Laurence, l'article disait que «son répertoire (était) fait de pièces connues ou faciles à siffler» et qu'«Abel a bien appris la leçon du flamboyant et du glamour de pacotille[2]».

---

2 *La Presse*, Montréal, le lundi 17 octobre 2005

— Ce n'était pas du tout sa tasse de thé. On voyait dans son texte qu'il ne comprenait pas ce genre de spectacle. Il a été méchant, déplore Richard, encore blessé plus de 10 ans après.

Richard aurait voulu lui répondre pour lui souligner les aspects positifs de son spectacle. D'abord, il aurait abordé la sonorisation. Le Centre Bell était avant tout une patinoire, et non une salle de spectacle. Offrir une sonorisation adéquate dans un tel environnement prenait toute une équipe.

— Le son était impeccable, réaffirme Richard.

Comment le savait-il ? Il avait passé le début de la deuxième partie dans le fond de la salle et il avait pu le constater. L'idée de la mise en scène était de faire apparaître Richard dans la foule. Il avait ainsi adapté une entrée du genre de celle qu'avait faite David Copperfield dans un de ses spectacles. Celui-ci disparaissait dans une caisse pour réapparaître à l'arrière de l'amphithéâtre sur sa moto. Un trucage habile, mais les spectateurs croyaient réellement qu'il était disparu puis réapparu.

— Ça avait eu tout un effet, explique Richard. Même chose quand je l'ai fait au Centre Bell.

À la reprise du concert après l'entracte, Richard n'était pas sur scène. Il surprenait les gens en apparaissant au piano dans le fond de la salle. Il se trouvait sur une petite estrade qui, au moment où les spectateurs allaient se rassoir pour la reprise du concert, était couverte d'un drap noir. Personne ne pouvait voir ce qu'il y avait là. Juste avant que les éclairages s'allument, des techniciens l'enlevaient, mais encore là, on ne pouvait pas voir ce qu'il y avait, car l'auditoire était trop intéressé par ce qui se passait à l'avant.

Le spectacle reprenait avec le *Boléro* de Ravel. Doucement, comme ça se doit. Dans la mise en scène de Richard, les musiciens entraient sur scène, un à la fois quand c'était à son tour de jouer.

— D'abord, la caisse. Puis le hautbois. Et ainsi de suite. Nous reproduisions le crescendo du *Boléro* tel qu'il le fallait. Et la finale! Avec 40 musiciens, ça avait de la gueule. Et là, les gens se demandaient quand j'allais apparaître.

L'entrée en scène du *Boléro* permettait de montrer les musiciens au public, pour qu'ils puissent constater l'ampleur du spectacle.

— Quand la prestation était terminée, je n'arrivais toujours pas sur scène. Le monde applaudissait et me cherchait. J'étais en arrière de la salle, me préparant pour mon entrée. C'est ainsi que j'ai pu entendre le son de mon spectacle. J'ai dit: Wow! Avoir un tel son au Centre Bell, il faut le faire! — et je suis difficile.

Donc, bien caché, Richard constatait que les gens étaient satisfaits également de ce qu'ils entendaient.

Se déplaçant doucement dans la pénombre, il allait s'assoir au piano. L'orchestre entamait l'intro du *Danube bleu* alors que le public cherchait toujours Richard.

Tout à coup, l'éclairage changeait et les gens découvraient finalement qu'il était parmi eux.

Richard entendait alors la satisfaction des gens dans un grand et long « ah! ». Cette mise en scène a beaucoup plu au public. Richard a reçu de très nombreux commentaires positifs à propos de ce numéro.

Mais jouer ainsi, au niveau technique, était difficile, car il devait porter des oreillettes pour entendre et suivre la musique. Or, le retour de son avait une demi-seconde de délai.

— J'entendais deux sons, celui dans mes oreillettes et celui de la salle. J'ai dû faire un effort de concentration énorme pour réussir ce numéro. Le son et l'éclairage m'avaient coûté près de 40 000 $, précise Richard. L'éclairage était également magnifique.

Il déplorait donc que le journaliste de *La Presse* ne l'ait pas remarqué. Il en a eu de la difficulté à dormir pendant plusieurs semaines.

— Je me couchais et je me disais : demain, je vais rencontrer ce journaliste pour lui dire ma façon de penser. Je vais lui demander pourquoi. Est-ce que ça te fait jouir d'être aussi méchant ?

Ce n'était pourtant pas la première critique difficile que Richard recevait. Mais, cette fois, on gâchait son plaisir après un événement marquant de sa carrière. Cela lui rappelait un événement semblable, son tout premier concert. Son père lui avait ruiné son plaisir quand il avait fait irruption pour terroriser sa mère.

— Comme la plupart des artistes, je peux prendre la critique positive comme négative, assure-t-il. Pourvu que ce ne soit pas méchant.

Un autre article du genre avait paru dans *Le Journal de Montréal*, le 8 février 1996. Le texte avait choqué Richard parce qu'il était également d'une méchanceté gratuite et exagérée. Par contre, cette fois-là, il avait pu répliquer dans une émission de radio à grande écoute.

Dans son article, le journaliste s'était plaint de voir des publicités de Richard Abel à la télévision. Il avait écrit que Radio-Canada l'avait déçu, car, depuis un certain temps, on y diffusait des pubs pour une crème contre les hémorroïdes en pleine heure de souper sur RDI, le Réseau de l'information de Radio-Canada. Cette fois, c'était pire selon le journaliste. On diffusait celles de Richard Abel :

« Il suffit de le voir une seule fois essayer de nous vendre son disque (…) pour nous convaincre à tout jamais de suivre un cours de l'Ambulance Saint-Jean, juste au cas où on s'étoufferait de rire à l'heure du souper. »

— C'était tellement gratuit.

Richard a pu se défendre puisqu'il a été invité à participer à une émission très populaire de radio de l'animateur montréalais Paul Arcand. Richard avait noté que le journaliste mentionnait plusieurs fois dans son article son apparence, et qu'il était toujours dithyrambique à ce sujet :

« ... Richard Abel, ce pianiste à l'irrésistible sourire de beau bonhomme... Richard Abel nous rappelle à tous, humbles humains, qu'on n'est pas fait en bois... avec son sourire de bellâtre... Roland Montreuil, l'homme à la dent de diamant, avait l'air d'un Don Juan de pacotille à côté de cet irrésistible Cananova (avec son) ineffable sourire... »

Devant tant de beaux compliments concernant son apparence physique, Richard demanda à brûle-pourpoint durant l'émission :

— Est-il gai ?

Paul Arcand avait répondu qu'il le connaissait et qu'il ne l'était pas. Le journaliste n'a pas pu répondre personnellement, car, évidemment, il a refusé de participer à l'émission.

— Et je le comprends. Devoir justifier de tels propos en ondes, ça prend un certain courage, courage qu'il n'a pas eu. J'aurais cependant bien aimé le rencontrer ce jour-là. J'aurais eu plusieurs questions embarrassantes à lui poser !

Richard admet qu'il a dû se faire une carapace, mais qu'il est porté à se défendre quand il se sent attaqué gratuitement. Michael Roy n'est pas d'accord. Et il en sait quelque chose. Il est aussi le gérant de Michèle Richard et a déjà été celui de Johanne Blouin, deux chanteuses qui ne s'en laissent pas imposer. Il affirme que ça ne fait que jeter de l'huile sur le feu.

Mais il ne faut pas croire que Richard ait toujours été victime de mauvaises critiques.

— J'en ai personnellement lu de magnifiques ! dit Richard. Entre autres, celle de Jean Beaunoyer dans la Presse[3].

---

3   La Presse, page C8, 19 octobre 2001

Monsieur Beaunoyer ne tarissait pas d'éloges pour celui qu'il a qualifié de «véritable phénomène de l'industrie du spectacle». Il avait ajouté : «je retiens le talent de cet animateur de foule exceptionnel qui joue sur toute la gamme des émotions».

Richard se souvient d'un concert bénéfice au profit d'associations caritatives pour la paralysie cérébrale qui a eu lieu à la salle de l'UNESCO de Paris, en compagnie de Martin Deschamps et de Nanette Workman et un orchestre de 50 musiciens. Yves Duteil faisait aussi partie du spectacle et lui avait dit :

— Les critiques sont comme les eunuques, ils savent comment on fait, mais ils ne peuvent pas le faire !

— C'est peut-être pour ça qu'ils sont parfois si frustrés ! conclut Richard.

Chapitre 16

Rire aux larmes

Richard Abel n'a pas la langue dans sa poche.

Quand il a quelque chose à dire, il ne se gêne pas.

Alain Constantineau reconnaît que la franchise de Richard ne l'a pas toujours bien servi.

— Richard est un homme intègre. Il ne va pas se prostituer, se compromettre, pour arriver à ses fins.

Un jour, Denyse Émond du duo Ti-Gus et Ti-Mousse lui avait dit que dans ce métier-là, il fallait aller jusqu'à *s'enfarger* pour aller saluer la personne qu'on détestait. Richard lui avait répondu que jamais il ne ferait ça. Elle avait conclu que cela l'empêcherait de réussir.

— Elle n'avait peut-être pas complètement tort, avoue aujourd'hui Richard. Ça m'a peut-être nui un peu, mais je suis comme ça. J'ai beaucoup de difficulté à jouer un jeu.

Parlant d'intégrité, Richard raconte qu'un producteur lui avait fait une série de cinq chèques sans provision pour payer huit spectacles au Casino de Montréal. Il lui a fallu engager un avocat qui lui a coûté 6 000 $ pour enfin se faire payer, et cela bien des mois après les engagements en question. Richard considérait que ses musiciens n'avaient pas à subir la malhonnêteté de ce producteur et il les avait payés de sa poche. Richard avait alors demandé à l'un d'eux : « Aurais-tu payé ta gang dans les mêmes circonstances ? »

— Et le musicien avait répondu : « Non, comment veux-tu que je distribue l'argent que je n'ai pas reçu ? »

Richard, lui, a payé ses musiciens. Pour lui, c'est ça, être intègre et plus que droit en affaires !

— Un jour, ajoute-t-il, j'ai revu ce producteur lors d'une conférence de presse. Avec tout un front de bœuf, il s'avance vers moi pour me serrer la main comme si de rien n'était. Vous auriez dû voir ma réaction. Mon gérant, Michael Roy, a dû nous séparer !

Il n'est pas non plus question pour Richard de se faire photographier en compagnie de gens qu'il n'aime pas, qui lui ont fait du mal ou qui ont été malhonnêtes.

Cela explique peut-être pourquoi il se fait parfois bouder par certains, mais le soir, il peut se regarder dans le miroir sans baisser les yeux.

Cela dit, il lui est arrivé de se mettre les deux pieds dans les plats. Ainsi, alors qu'il donnait une série de spectacles au Casino de Montréal, Richard était allé dîner à l'extérieur. À son retour, il était tombé sur des fans dans un ascenseur, dont une dame qui lui avait demandé pourquoi il n'avait pas mangé avec tout le monde au restaurant de l'établissement. Elle croyait que le repas lui était fourni puisqu'il était l'artiste principal du spectacle. Richard lui avait répondu qu'il avait effectivement dîné à l'extérieur et qu'il trouvait même ça un peu ordinaire que le Casino de Montréal, où il jouait dans le cadre d'une série de concerts, lui fasse payer la petite soupe aux légumes qu'il aimait manger avant son spectacle. Dans le même ascenseur, il y avait aussi un homme que Richard avait pris pour un chauffeur d'autobus. Or, c'était plutôt un des directeurs du Casino… Celui-ci n'avait pas du tout apprécié le commentaire de Richard, et cela avait fait toute une histoire et rendu son gérant furieux !

À Québec, l'animateur de radio Robert Gilet avait invité Richard pour parler de son disque de Noël.

— Il n'était vraiment pas agréable ce jour-là, se rappelle Richard. À croire qu'il voulait suivre la nouvelle tendance de la radio poubelle qui se développait alors à Québec. Pendant l'entrevue, il n'a pas cessé de dénigrer mon œuvre qu'il qualifiait de musique d'ascenseur.

C'en était trop ! Richard a perdu patience. Son ton a changé et il s'est défendu. S'adressant directement au technicien de la régie, il lui a demandé de faire écouter des extraits de son disque, entre autres, *La grande valse fofolle* de Claude Léveillée, composée pour deux pianos, mais que Richard jouait seul.

— J'ai demandé directement en ondes aux auditeurs : pensez-vous vraiment que c'est de la musique d'ascenseur ?

Puis, l'animateur a fait la même chose avec le *Bumble Boogie* dans lequel Richard joue jusqu'à 14 notes à la seconde.

Et il est revenu à la charge en critiquant *Abrazame* :

— Bien ça, c'est de Fernand Gignac, avait-il déclaré, laissant entendre que parce que c'était chanté par Fernand Gignac, c'était du quétaine.

— Je l'ai tout de suite interrompu pour souligner que *Abrazame* était une pièce non pas de Fernand Gignac, qui l'a certes reprise, mais de Julio Iglesias. C'était un succès mondial composé par Iglesias lui-même.

Richard s'était tellement bien défendu qu'à la fin, Robert Gillet l'avait félicité pour son courage.

En 2004, l'animateur a été condamné à une peine de prison suspendue de 30 jours après avoir été reconnu coupable d'une accusation d'avoir obtenu les services sexuels contre rémunération d'une prostituée mineure.

— Plus tard, j'ai refait de la radio avec lui. Il n'était plus le même homme. En tout cas, il n'avait pas le même style agressif, pour ne pas dire agressant! J'avais même ressenti de la tristesse pour lui et ce qu'il était devenu.

Richard a aussi eu une expérience désagréable à la radio. L'animateur avait enregistré une entrevue avec Richard, mais à la diffusion, il avait ajouté des sons divers, dont celui d'une caisse enregistreuse.

— Je parlais de mon album avec l'Orchestre philharmonique de Prague, et on entendait ce bruit. C'était vraiment déplacé, dit Richard. Le pire, c'est que je le considérais comme un ami.

Richard a laissé un message sur son répondeur, mais son interviewer ne l'a jamais rappelé.

On le dit souvent, c'est même cliché, mais c'est vrai : lorsqu'on crache en l'air, ça nous retombe inévitablement sur le nez. Cet animateur n'a fait pas exception. Des années plus tard, il a été victime à son tour de railleries de la part de ses pairs concernant une émission de télévision qu'il animait à la chaîne de télévision TQS.

Richard est capable également d'autodérision et l'a prouvé plusieurs fois.

Il avait été invité à l'émission *La fin du monde est à sept heures* par le comédien Marc Labrèche. Un des concepts de l'émission était de faire présenter le bulletin météo par le même artiste pour toute la semaine. La chanteuse tyrolienne Manon Bédard l'avait fait avant Richard. C'était amusant de l'entendre yodler les prévisions météo.

— Il arrivait parfois à Marc Labrèche de se trouver une « victime » et d'en rire pendant son émission. Je pense qu'il voulait me tester, précise Richard.

Richard savait, même si cela lui déplaisait, qu'on lui affublait l'étiquette de quétaine et qu'à cause de cela, on pouvait se moquer de lui.

Fort de ses années à observer Michel Louvain et surtout Guilda, il avait acquis son propre sens de la répartie et il avait effilé sa langue. Il attendait Marc Labrèche de pied ferme.

Quand son tour est venu de présenter un bulletin météo humoristique, Richard était prêt. Il était en double source dehors sur le trottoir avec un piano au grand froid de janvier.

— Des conditions très difficiles pour un pianiste, on le comprend bien. Dix secondes avant d'entrer en ondes, je sortais de la camionnette de reportage. Le numéro durait environ 45 secondes. Assez pour se geler les doigts !

À l'entrée en ondes de Richard, Marc Labrèche a levé ses mains dans les airs et a lancé d'un ton sarcastique :

— Richard Abel !

Il n'a pas pu aller plus loin, car Richard lui a répondu du tac au tac, les mains en l'air, et sur le même ton :

— Marc Labrèche !

Ce dernier ne s'attendait probablement pas à ça. S'il avait l'intention de se moquer de Richard, il a changé d'idée.

— Si tu t'écrases, tu es fait, dit Richard. Il faut savoir se tenir debout. Je l'ai appris à mes dépens !

Puis Marc a enchaîné :

— J'ai bien hâte de voir ce que vous allez faire pour nous au piano.

Comme première intervention de la semaine, il a calqué la fameuse chanson du pianiste et chanteur Jerry Lee Lewis *Great Balls of Fire*, ce qui a vraiment étonné toute l'équipe de production.

Pour une autre de ses apparitions de la semaine, il s'était déguisé en « Liberace des pauvres ». L'habilleur Aimé Chartier lui avait trouvé des bagues de plastique grotesques dans des boîtes de maïs soufflé au caramel *Cracker Jack*. Richard en avait mis à presque tous ses doigts, un peu comme Liberace. Il portait un habit exagérément kitch.

Quand Marc Labrèche a vu son accoutrement, il s'est mis à rire. Il a aussi remarqué ces « belles » bagues.

— J'ai alors répondu avec un accent anglais et un ton très kitch, un peu comme Liberace l'aurait fait. Je montrais mes bagues tout en expliquant : celle-ci vient de Cartier ; celle-là vient de Paris ; cette autre est une Dior ; New York. Je termine avec la plus laide : elle vient de Walmart, Sainte-Thérèse.

Il a ensuite fait un arpège au piano et chanté les prévisions de la météo sur l'air d'*I'll be seeing you*. « Demain, ce sera un peu venteux, mais pas trop de neige… »

Ce clin d'œil à la Liberace a bien fait rire tout le monde. Richard avait saisi que c'était ce genre d'humour que Marc aimait et que l'on recherchait à cette émission.

L'équipe a tellement aimé Richard qu'elle l'a invité en studio pour les deux derniers jours de la semaine. Une bonne nouvelle, car il faisait très froid dehors, et ce n'était pas très bon pour des doigts de pianiste.

— J'ai donc passé les deux derniers jours de la semaine à l'intérieur à monter des sketchs.

Le courant a si bien passé entre Marc et Richard qu'ils ont retravaillé plusieurs fois ensemble dans des concepts plus fous les uns que les autres.

Labrèche et son équipe sont même allés tourner à la maison de Richard. Installés au piano, ils avaient l'air de jouer un concerto à quatre mains. La caméra est partie du bout du piano et lorsqu'elle est arrivée à eux, ils étaient en train de remplir les cases d'un mot croisé. Le piano de Richard étant muni d'un ordinateur, il jouait tout seul !

— Un mot de cinq lettres qui veut dire jouer, disait alors Marc Labrèche.

Lorsqu'il raconte cette histoire, Richard en rit encore.

— Lors d'une autre émission, nous étions installés à ma grande table. Marc était assis à un bout et moi à l'autre. Nous faisions comme ces gens riches et célèbres qui essaient de se parler avec une telle distance entre eux. En plus, l'angle de la caméra exagérait cette distance. Nous devions crier pour nous comprendre.

— Quand es-tu en spectacle ? hurlait Marc Labrèche.

— Le 9 avril, à la salle André-Mathieu, répondait Richard aussi fort.

Un article du *Journal de Montréal*[4] a été toute une source d'inspiration pour un autre gag de Marc Labrèche. Richard avait confié au journaliste que pour s'améliorer, il envoyait une espionne dans les toilettes des femmes pendant l'entracte.

— Les gens que je rencontre lors des séances d'autographes, explique Richard, sont presque toujours des fans qui viennent me féliciter. Une fois sur mille peut-être, quelqu'un va prendre la peine de me faire un commentaire plus négatif, du genre « on n'entendait pas assez le piano » ou « l'orchestre jouait trop fort », mais la plupart du temps, c'est pour me dire qu'ils ont aimé ça. Ceux qui n'ont pas aimé mon spectacle, pour la plupart, partent sans prendre le temps de me le dire. Et ils ne reviennent peut-être jamais.

Pour s'améliorer, Richard estimait qu'il fallait faire preuve d'humilité et être à la recherche des « vrais » commentaires. Or, les « vraies affaires » se disaient surtout, selon la mère de Richard, dans les toilettes des femmes.

— Elles ne savent pas que je suis ta mère, dit Jacqueline. Elles bavardent. Si tu savais tout ce qu'il se dit ! Heureusement, c'est souvent gratifiant, mais pas toujours…

— C'est ainsi qu'elle m'a rapporté de nombreux commentaires qui m'ont permis de m'améliorer.

Un exemple qui lui revient en mémoire : lors de son premier spectacle à la salle Wilfrid-Pelletier de la Place des Arts en 1988, il était vêtu d'une queue-de-pie noire. Or, son pantalon était trop

---

4 *Journal de Montréal*, cahier weekend, page 8, 18 novembre 2000.

ajusté. Lorsqu'il s'assoyait, sa poche ouvrait, laissant voir la doublure intérieure blanche. À l'entracte, dans la toilette des femmes, on ne parlait que de ça :

— C'est beau le spectacle, mais c'est achalant son mouchoir qui est sur le bord de tomber de sa poche !

— Ça attire l'œil pour rien. On pense que son mouchoir va tomber.

Quand sa mère est allée lui répéter ça dans sa loge, Richard a fouillé dans sa poche de pantalon. Il n'y avait pas de mouchoir, mais en voyant sa doublure de pantalon, il a compris ce qui se passait.

— J'ai donc pris un stylo-feutre noir et j'ai noirci la doublure faute d'avoir un autre pantalon plus grand !

Les femmes dans les toilettes lui reprochaient aussi d'être nerveux et de parler vite. Certaines se plaignaient de ne pas bien le comprendre. Il s'est donc efforcé de parler plus lentement en deuxième partie !

— J'avais raconté ça au *Journal de Montréal*.

Évidemment, ce n'est pas passé inaperçu pour Marc Labrèche. Ça lui a inspiré un sketch dans le cadre de son talkshow, *Le grand blond avec un show sournois*.

Il avait organisé un tournage avec Richard au Casino de Montréal, et filmer là n'était pas simple. En principe, c'est tout à fait interdit, car les joueurs veulent garder leur anonymat. Mais comme Richard jouait dans la salle de spectacle, c'était un peu moins compliqué que dans la salle du casino. Marc a obtenu des permissions spéciales.

Il a commencé son tournage en venant se présenter à Richard. Marc disait qu'il voulait l'aider à s'améliorer et allait faire l'espion pour lui, un peu comme Jacqueline l'avait déjà fait. Ensuite, pendant que Richard jouait au piano devant son orchestre, Marc Labrèche a levé le tapis rouge menant des coulisses à la scène. À quatre pattes sous le tapis, il s'est approché vers le pianiste.

— Il fallait voir ça. Ça faisait une bosse qui se déplaçait, raconte Richard retenant difficilement son envie de rire.

Muni d'un micro sans fil, Marc s'est approché de Richard, l'a interrompu pour lui dire en chuchotant très fort, imitant une voix d'espion :

— La femme dans la troisième rangée dit que sa soupe est tiède.

Il rapportait ainsi des commentaires inventés.

— C'était niaiseux ! Mais quand c'est un Marc Labrèche qui le fait, ça devient de l'art ! On riait beaucoup, dit Richard. Les spectateurs rigolaient aussi.

Puis Marc enchaînait :

— La femme dans la huitième rangée trouve que tu joues *Le Danube bleu* trop vite !

Il est ensuite revenu à la charge, mais cette fois il avait mis un abat-jour sur sa tête.

— C'était tout simplement hilarant, ajoute le pianiste.

Richard Abel est allé encore plus loin dans le cadre d'un gag filmé pour le réseau TVA.

Certains lui ont longtemps reproché de jouer de la musique d'ascenseur.

La production avait donc fait tout un *set-up*. Elle avait installé un petit piano électronique dans la cabine de l'ascenseur menant de la cafétéria aux studios de TVA, ainsi que des micros et des caméras.

Quand les portes s'ouvraient, des gens surpris étaient accueillis par Richard assis au piano.

— Bonjour, à quel étage allez-vous ? demandait-il.

Les passagers lui répondaient.

— Puisqu'on dit que je fais de la musique d'ascenseur, j'ai pensé que ça serait une bonne idée d'en faire en direct pour vous. Qu'est-ce que vous aimeriez entendre ?

Le présentateur vedette des infos à TVA, Pierre Bruno, était monté à son tour dans l'ascenseur. Surpris par la demande de Richard, il avait proposé du Mozart.

Un des passagers avait dit à Richard en sortant de la cabine à la fin de son trajet :

— Si la musique d'ascenseur ressemblait à ça, je le prendrais plus souvent.

La preuve que ce que Richard jouait n'était pas vraiment de la musique d'ascenseur.

Chapitre 17

Céline Dion, entremetteuse ?

Richard a rarement fréquenté le Village gai à Montréal. Il n'en avait pas beaucoup le temps et il vivait trop loin, en banlieue.

Il a fait exception un soir de septembre 2003 pour profiter d'une dernière belle journée d'été. Les terrasses étaient ouvertes, les portes et fenêtres des bars aussi.

C'était quelques jours avant son départ pour Bruxelles où il allait enregistrer un nouvel album, *Hommage aux compositeurs québécois*, dont la sortie était prévue l'année suivante.

Il s'était arrêté pour prendre un verre dans un bar de la rue Sainte-Catherine. On y jouait du Céline Dion.

Il bavardait avec un de ses amis quand il a remarqué un beau blond aux yeux bleus qui entrait dans le bar. Ce dernier, grand fan de Céline, avait été attiré par la voix de celle-ci.

Richard l'a observé brièvement. Le gars lui rappelait un ouvrier venu aménager son terrain deux ans plus tôt. Le pianiste est allé le rejoindre pour lui demander si c'était lui. L'inconnu a répondu par la négative. Il était livreur pour un fleuriste.

En retour, celui-ci a dit à Richard que son visage lui était familier :

— Ah oui ! Je t'ai vu à la télévision. Tu annonces un album. Tu es habillé tout en blanc. Tu t'appelles Richard Abel.

— Oui, c'est bien moi, a répondu Richard.

Lui, il s'appelait Stéphane Pelchat. Et, oui, il était un cousin lointain du chanteur Mario Pelchat.

Les deux ont continué à jaser, de tout et de rien. Richard était vraiment intéressé par Stéphane. Ce dernier aussi par Richard.

— Je l'ai trouvé *clean* et digne de confiance, charmeur aussi, raconte Stéphane. Il était beau également et il avait tout un sens de l'humour, et, pour moi c'est très important.

Une bonne heure plus tard, ils sont sortis pour aller prendre une bouchée au *Club Sandwich*, un resto populaire du quartier.

Stéphane était marié et père de deux enfants.

— C'était important pour moi de le lui dire, de mettre cartes sur table, explique Stéphane. Et je voulais qu'il sache que je n'étais pas très expérimenté.

Stéphane venait de découvrir son attirance pour les hommes. Quelques mois plus tôt, son épouse, Nathalie, et lui étaient allés danser dans un bar gai. Stéphane avait remarqué tous les beaux hommes qui s'y trouvaient. Ça l'excitait. Il savait désormais.

Nathalie avait donc poussé Stéphane à explorer sa sexualité pour s'assurer de son orientation. Elle espérait secrètement qu'après cette expérience, son chum se rendrait compte qu'il était assurément hétéro. Elle l'avait même conduit dans le Village gai ce jour-là. Elle voulait qu'il voie ce qui se passe là pour ainsi décider ce qui l'intéressait vraiment, les femmes ou les hommes.

— Je ne te laisse pas l'auto au cas où tu boirais, lui avait-elle dit. Tu trouveras bien quelqu'un qui te ramènera à la maison.

— C'est moi qui l'ai fait, poursuit Richard, et il a passé la nuit chez moi.

— J'étais gêné, confie Stéphane. Je ne connaissais rien.

Richard est finalement parti comme prévu pour Bruxelles. Ils n'allaient donc se revoir qu'à son retour.

Ça a été un dur coup pour Nathalie, l'épouse de Stéphane, quand elle a appris que son conjoint était tombé amoureux de Richard.

Les relations entre Nathalie et Stéphane demeuraient cordiales malgré tout, mais aussi tendues.

Au retour de Richard, un employé des Productions Abelin l'attendait à l'aéroport. Il a tout de suite dit à son patron qu'il avait eu un message d'un dénommé Stéphane. Ah oui ?

Richard l'a rappelé. Et c'est ainsi que tout a commencé.

Petit à petit, au fur et à mesure de leur fréquentation, Stéphane a emménagé chez Richard avec ses deux enfants.

— Au début, on avait la garde partagée, explique Richard. À la fin, on les avait à plein temps.

Les enfants de Stéphane étaient jeunes, Gabriel avait 5 ans et Émilie en avait 7. Au commencement, pour les aider à s'adapter à la situation, Richard était pour eux un ami de leur papa. Ils venaient passer les week-ends. Ils partageaient la chambre d'amis.

Le courant est passé rapidement entre Richard et les enfants. Il était affectueux, ils étaient souvent assis sur lui et aimaient jouer avec lui.

— Les enfants et moi, on se tiraillait, on se chatouillait, explique Richard.

— C'était à se demander lequel des trois était le plus enfant, continue Stéphane. Avec les enfants, c'est comme si Richard retrouvait son enfance, parce que la sienne, on le sait, n'a pas toujours été heureuse.

— Je suis un gars affectueux, reprend Richard. Parfois, en passant derrière Stéphane, je lui mettais la main sur l'épaule. Quand je lui offrais un café, j'avais des gestes tendres envers lui. Pour les enfants, c'étaient des comportements normaux, car j'en faisais autant avec eux.

Richard et Stéphane n'ont jamais eu de discussion sur le sujet avec les enfants.

— Ça s'est fait tout naturellement comme les cheveux qui poussent ou une plante qui grandit, explique Richard.

Pour éviter les mauvaises surprises, la chambre à coucher des deux hommes était hors de portée pour Gabriel et Émilie.

— Ça a commencé comme ça, poursuit Richard. Le reste s'est fait tellement naturellement. On ne voulait pas créer de choc. Et il n'y en a pas eu.

Quelques années plus tard, quand Émilie était un peu plus âgée, Richard recevait un invité pour affaires. Alors qu'il préparait du café, le visiteur a entrepris une conversation avec la petite :

— Bonjour. Comment t'appelles-tu ?

— Émilie, a-t-elle répondu de sa petite voix douce qui a toujours touché Richard.

— Et Richard est ton papa ? a continué le visiteur.

Émilie a répliqué comme si de rien n'était :

— Non, Richard est l'amoureux de mon papa.

— J'étais en train de brasser le café, dit Richard. Je suis passé près de m'ébouillanter. Je n'ai pas dit un mot.

L'invité a répondu par un simple :

— Oui, ah bon.

Émilie a continué en demandant au type comment il s'appelait.

— Ça ne pouvait pas être plus naturel que cela, conclut Richard.

Quand Stéphane est rentré le soir, Richard lui a tout raconté. Les deux en ont bien ri.

— J'aurais tellement aimé ça être là et entendre ça, avait dit Stéphane, très touché.

Pour Richard, voilà qui était révélateur de l'innocence et du naturel des enfants.

Éventuellement, les petits ont commencé à inviter des amis à la maison. Richard ignore si les enfants parlaient de leur vie de famille avec deux pères, mais ça ne semblait pas limiter les amitiés ou poser problème.

— Ça venait, ça jouait et pas un mot, du moins pas à ma connaissance, poursuit Richard.

Stéphane et lui étaient prêts à dire les choses telles qu'elles étaient si on leur posait des questions. Même les parents qui venaient conduire le petit gars ou la petite fille pour jouer avec les enfants de Stéphane ne disaient rien. Ils voyaient que c'était deux papas.

— Il y avait certainement des gens que notre situation indisposait, mais, dans notre cas, nous n'en avons jamais été témoins.

Richard a par contre bien vu l'intolérance.

Une triste histoire !

Un de ses amis était « grand frère » au sein de l'organisation du même nom qui jumelait des adultes avec des enfants. Son ami s'occupait d'un garçon d'une mère monoparentale.

— Je vous assure qu'il n'était pas un pédophile. Il aimait sincèrement les enfants, dit Richard.

Comme beaucoup de gais, le copain de Richard compensait ainsi le fait qu'il n'aurait jamais d'enfants à lui. Il pouvait agir en papa, avoir une bonne influence, être un exemple positif pour un jeune garçon sans père.

Tout allait bien jusqu'au moment où la mère a demandé à l'ami de Richard pourquoi elle ne le voyait jamais en compagnie d'une femme. L'homme a été honnête et lui a dit la vérité. La mère était déchirée. Elle aimait beaucoup ce « grand frère » et son fils s'était attaché à lui. Elle trancha cependant :

— J'ai peur de ne pas faire mon devoir de mère jusqu'au bout, avait-elle expliqué. J'ai peur que ça l'influence et que ça lui donne un mauvais exemple.

Elle avait donc mis fin à la relation de grand frère.

L'ami de Richard pleurait. Le petit aussi.

— Tout cela pour des croyances que je trouve pour le moins discutables, commente Richard.

Il avait d'ailleurs vécu personnellement quelque chose de semblable en 1991.

Richard aidait alors les scouts dans le cadre d'activités de financement. Il avait donné des spectacles pour les aider à amasser de l'argent.

Dans plusieurs cas, il était entouré d'enfants. Un parent a su qu'il était gai, et Richard a été convoqué par les responsables du groupe. Ceux-ci lui ont posé des questions, lui faisant comprendre qu'ils étaient mal à l'aise, qu'ils avaient des craintes.

L'un d'eux était policier de la Sûreté du Québec. Celui-ci avait évidemment enquêté sur des cas de pédophilie. Il ne voyait plus que cela, un peu comme un urgentiste qui voit partout des risques d'accident et de blessure. Il avait vu Richard s'amuser avec les enfants et toute cette histoire le rendait mal à l'aise.

Outré, Richard avait déclaré :

— Vous, monsieur, vous êtes aux femmes. Est-ce que ça veut dire qu'il y a un danger pour les petites filles ? Et vous, madame, qui êtes aux hommes, est-ce qu'il y a un danger pour les petits garçons ? Ça n'a rien à voir. Il n'y a pas plus de danger avec moi. Moi, j'aime les hommes, ça ne veut pas dire que c'est plus dangereux pour votre garçon. Il ne faut pas penser comme ça.

Ils ont répondu qu'il y avait plus de pédophiles chez les gais que chez les hétéros. Cela était tout à fait faux, car des études sérieuses avaient démontré que la pédophilie était tout aussi présente chez les *straights* que chez les gais.

— En tout cas, avait conclu Richard, je ne le suis pas. Mais devant votre malaise, j'en ai un moi aussi. J'aurai désormais peur d'approcher un enfant. Vous m'avez enlevé le goût de m'occuper d'eux. Je vous simplifie la vie. On va mettre fin à ça.

Quelques-uns dans ce groupe ont versé une larme. Peut-être se rendaient-ils compte de ce qu'ils perdaient?

— On ne voulait pas vous blesser, dirent-ils. Comprenez notre inquiétude. Nous, on est responsables de ces enfants…

Richard a toujours aimé aider les gens. En plus de son appui aux scouts, il a été porte-parole de l'Association de paralysie cérébrale du Québec pendant six ans.

— Je donnais des concerts bénéfices pour eux.

Avec les enfants de Stéphane, Richard vivait enfin son rêve d'être papa, car les deux hommes avaient fini par obtenir la garde des enfants à temps plein avec le consentement de la mère qui avait, de son côté, de gros problèmes personnels.

— Faire les devoirs et les leçons avec eux, préparer leurs lunchs, les border dans leur lit au coucher, j'ai eu le privilège de connaître ça, dit Richard. Et Nathalie, l'ex de Stéphane, était *cool* avec ça.

En fait, Richard et elle se sont rencontrés souvent. Ils ne se sont jamais disputés. Au contraire, leur relation a toujours été bonne, car ils avaient tous les trois le même objectif: le bien des enfants.

— On s'entraidait tous. Quand Stéphane et moi partions à l'extérieur de la ville pour des spectacles, Nathalie en profitait pour garder les enfants, précise Richard.

— J'étais tellement heureux que Richard et mon ex s'entendent si bien, dit Stéphane, malgré une gaffe que Richard a déjà faite!

Pour célébrer le premier anniversaire de leur rencontre, Richard avait acheté des fleurs pour Stéphane. Sur la carte, il avait fait écrire entre autres « À toi, mon bel amour ». Voulant aider Nathalie qui était fleuriste, il avait commandé les fleurs à sa boutique.

— Imagine! poursuit Stéphane. Elle a dû écrire ça sur la carte pour lui. Disons que ça l'a un peu secouée!

La relation était plus difficile entre Stéphane et son ex-conjointe, et Richard a souvent servi de médiateur.

— Je m'en mêlais, raconte ce dernier, parce que je ne voulais pas de dispute. C'était pour les enfants.

Lorsque ceux-ci se chicanaient, il essayait de faire la part des choses pour eux et de les aider à s'entendre. Il devait souvent leur citer la prière des Alcooliques anonymes, soit d'accepter ce qu'on ne pouvait pas changer.

— Elle a été bien correcte malgré tout, dit Richard. Elle avait toutes les raisons de ne pas l'être en tant que femme mariée à un homme adultère et gai. Elle aurait pu lui faire du trouble et l'empêcher de voir les enfants.

Nathalie ne demeurait pas loin de Richard, ce qui facilitait la garde partagée. Au début, Stéphane et Richard avaient les enfants la fin de semaine, et elle, pendant la semaine. Mais Richard avait souvent des engagements les week-ends, et cela compliquait les choses. Heureusement, les deux familles trouvaient toujours un moyen de s'arranger.

— Tout allait, jusqu'à ce que les enfants aient demandé à rester avec nous, raconte Richard. Ils étaient arrivés à l'âge où ils pouvaient choisir avec lequel des deux parents ils passeraient le plus de temps.

De son côté, Nathalie avait commencé à avoir des ennuis de santé — physique et mentale. Ces problèmes perturbaient les enfants, et Stéphane avait accepté de les prendre à temps plein. Nathalie reprendrait les enfants lorsque Richard aurait des engagements à l'extérieur.

— Elle était une bonne mère, mais elle était instable, explique Richard. Puis, elle a eu un enfant avec un autre homme.

Ce dernier volait de l'argent à Nathalie la nuit, pendant qu'elle dormait, pour aller jouer au casino. Il avait une dépendance au jeu. Puis, Nathalie a rencontré un autre homme. Celui-là avait un problème de consommation d'alcool.

Les deux amoureux de Nathalie ont permis aux enfants de mieux apprécier Richard.

— Des années plus tard, les enfants devenus ados m'ont offert une magnifique carte de Noël dessinée à la main. À l'intérieur, ils avaient écrit que j'avais été leur meilleur beau-papa. Ça m'a fait pleurer. J'ai conservé la carte depuis.

Richard et Stéphane ont aussi emmené les enfants à Disneyworld en Floride. Ils ont fêté le Nouvel An 2009 au royaume de Disney.

Le voyage pour s'y rendre avait été long, le trafic routier des fêtes de fin d'année avait été aggravé par un carambolage majeur. Mais pour Stéphane, le séjour en valait la peine :

— Richard et moi étions déjà des maniaques des sensations fortes que donnaient certains manèges, mais imaginez les enfants pour qui c'était la première fois chez Disney !

À plusieurs reprises durant le séjour, en voyant la joie illuminer le visage des enfants, Stéphane et Richard ont eu les larmes aux yeux.

Richard se rappelait son premier voyage à Disneyworld avec son propre père et tous ces sacrifices comme ne pas pouvoir manger sur le site, dormir à plusieurs dans la même chambre de motel bon marché.

La relation entre Richard et Stéphane s'est terminée au bout de cinq ans, mais ils sont demeurés ensemble deux ans de plus afin de ne pas perturber les enfants.

— La raison de notre rupture est personnelle, et c'est avec une grande tristesse que nous avons dû mettre fin à notre relation.

Stéphane était peiné, car il était encore épris de Richard.

La séparation s'est cependant faite en douceur, sans dispute. Du moins, pas devant les enfants. Ceux-ci ne s'en sont pas rendu compte. Pas au début.

Stéphane a acheté un condo et a attendu que Richard parte pour la Floride, où il allait chaque hiver pendant un mois y offrir des spectacles, pour déménager.

Il avait expliqué aux enfants qui commençaient à être grands, 13 et 14 ans, qu'ils ne pouvaient plus — et ne voulaient probablement plus — coucher dans le même lit. Il était temps de séparer le petit gars et la petite fille. Dans le nouveau condo de Stéphane, ils auraient chacun leur chambre.

Émilie et Gabriel étaient très contents, surtout qu'ils auraient leur propre salle de bains.

Stéphane a ajouté que Richard viendrait souvent les visiter.

— Nous avons continué à nous voir, dit Richard. Il n'y a pas eu de rupture brusque pour les enfants.

Deux jours après le départ de Richard, Stéphane est venu chercher ses biens en camion. Puis, il a emménagé dans son condo.

— Pour les enfants, c'était tout nouveau tout beau, dit Richard.

Ils s'occupaient de la décoration de leurs chambres. Ils étaient tellement pris par cette nouveauté qu'ils ne se sont pas rendu compte de ce qui se passait.

Stéphane s'est assuré que la maison de Richard était en ordre, que le ménage avait été fait. Il avait aussi fait une commande à l'épicerie pour que son ex-amoureux ne manque de rien quand il reviendrait et n'ait pas à ressortir après la fatigue du voyage.

À son retour de Floride, malgré la très longue route, la première chose que Richard a faite a été d'aller visiter Stéphane et les enfants.

— Il était fatigué, il s'était tapé deux jours de route seul, précise Stéphane. Il avait hâte de visiter le condo, de voir les chambres des enfants.

— J'avais besoin de savoir comment ça allait, explique Richard.

Ils se sont promis de se revoir le week-end suivant. Après quelque temps, les visites se sont espacées.

Encore une fois, les enfants ne se sont aperçus de rien, puisqu'ils allaient à l'école et avaient beaucoup de devoirs et de leçons, jusqu'au jour où ils ont demandé à Stéphane :

— Vous n'êtes plus ensemble ?

Ils venaient de s'en rendre compte.

— Il n'y a pas eu de pleurs, conclut Richard. C'était bien pour tout monde, surtout pour nous, les papas. C'était ce que nous voulions. Ça a été réussi. Si toutes les séparations pouvaient se passer ainsi, ça serait l'idéal. Je nous donne la note parfaite de 100 %.

Entretemps, un problème de sciatique affectait l'ex de Stéphane qui marchait péniblement. Un médecin lui avait prescrit des médicaments très forts pour soulager la douleur. En 2013, lors d'un séjour à Niagara Falls chez un cousin qui possédait un gîte du passant, Nathalie est morte d'une overdose accidentelle de médicaments.

Même si le couple était séparé désormais depuis deux ans, Stéphane et Richard ont passé beaucoup de temps avec les enfants pour les consoler. Heureusement, ces derniers étaient résilients et ont pu surmonter l'épreuve sans problèmes majeurs.

Les deux hommes sont demeurés en bons termes. Ils ont passé toutes les veilles de Noël ensemble depuis leur séparation. Stéphane n'a personne dans sa vie, Richard non plus, et, chaque année, il vient chez son ex-amoureux avec ses enfants pour réveillonner.

— Nous fêtons Noël comme avant, comme on le faisait depuis qu'on se connaît, dit Richard.

Des photos d'Émilie et Gabriel demeurent bien en vue sur le comptoir de sa cuisine.

Richard a hésité et longuement réfléchi avant de raconter cette partie de sa vie personnelle, de peur de froisser certaines personnes.

— Mais comment passer à côté d'une partie aussi importante de ma vie ?

Il a décidé d'ouvrir son cœur et de la partager avec vous.

Eh oui, Céline a été, sans le savoir, une entremetteuse pour Richard et Stéphane.

Chapitre 18

Les hauts et les bas de Richard Abel

En 2004, Richard Abel a lancé l'album intitulé *Hommage aux compositeurs québécois*, enregistré l'année précédente à Bruxelles pour Reader's Digest World. Avec cet album, il a remporté un Félix de l'ADISQ en musique instrumentale en 2005, le quatrième dans sa carrière.

Pour la petite histoire, Richard a dû en faire deux versions. La première était destinée au marché québécois, l'autre au Canada anglais. Celle-ci s'appelait *A Tribute to Canadian composers*. Deux versions, parce que les promoteurs du Canada anglais ne voulaient pas du mot « québécois » sur la pochette.

La même année, il a été invité à faire la première partie du Glenn Miller Orchestra dans le cadre d'une tournée pancanadienne. L'équipe du Glenn Miller a tellement apprécié la performance de Richard qu'elle l'a réinvité deux ans plus tard pour une autre tournée au Canada.

— Richard remportait un tel succès qu'il vendait plus d'albums que le Glenn Miller Orchestra, raconte Alain Constantineau, qui était également de la tournée. Au début, cela a causé un certain froid avec le producteur Didier Morrissonneau. Mais ça n'a pas duré. Richard et Didier sont devenus de bons amis.

— Je vendais plus de disques probablement parce que les fans du Glenn Miller Orchestra avaient déjà plusieurs albums d'eux, de Richard Abel, non.

Les tournées avec le Glenn Miller Orchestra lui ont permis de réaliser son rêve : déjeuner sur le bord de l'Atlantique et sur le bord du Pacifique.

Lors d'une de ces tournées, le Glenn Miller Orchestra s'était arrêté à la salle Wilfred-Pelletier de la Place des Arts à Montréal. Le père de Richard y assistait. Après la représentation, il est allé voir son fils et lui a dit :

— C'est ça que vous dites, les jeunes, un *buzz* ? Bien moi, j'en ai eu tout un quand je t'ai vu avec eux. Il faut que je te dise que les premières fois que je me suis « frotté » contre ta mère, c'était sur la musique de Glenn Miller. D'ailleurs, tu es né peu de temps après. Cinquante ans plus tard, c'est toi qui es avec eux sur la scène. Tout un *buzz* !

En 2007, il enregistre un deuxième album de Noël qui, lui aussi, va lui valoir un Félix. En tout, Richard aura obtenu cinq Félix.

Depuis longtemps, il rêvait de briller sur le marché américain. Il ne parlait pas très bien l'anglais, mais la musique instrumentale a l'avantage d'être une langue universelle. Or, au cours d'un voyage d'affaires, Michael s'est retrouvé dans un avion, assis à côté d'un dirigeant de la chaîne de télévision publique des États-Unis, PBS (*Public Broadcasting Service*).

Sur les documents que Michael consultait, son voisin a pu voir qu'il travaillait dans le domaine artistique. Il a alors dit :

— Je suis dans le même domaine que vous, je travaille chez PBS.

Cette phrase n'était pas tombée dans l'oreille d'un sourd. Michael, qui espérait également que Richard perce le marché de ce pays, savait que PBS présentait régulièrement des concerts d'artistes américains et d'ailleurs.

— Ah oui ? avait répondu Michael. Moi, je représente un artiste qui pourrait vous intéresser. C'est un pianiste, donc il n'y a pas de barrière de langue.

Il ne faut pas oublier aussi que PBS est vue par les Canadiens, par le câble ou encore directement via des antennes situées dans les villes près de la frontière canado-américaine.

PBS exigeait que le concert soit produit par une maison indépendante. Michael a alors demandé à Pierre Touchette de Spectra télévision de négocier avec les gens de PBS à Washington, la maison mère de la chaîne, en vue de la diffusion du concert *Elegancia*.

PBS a accepté, mais elle ne voulait pas utiliser l'enregistrement du Capitole proposé par Richard, car, entre autres, les présentations étaient en français.

Ce concert servirait aux collectes de fonds des stations membres du réseau. Le réseau PBS ne recevant qu'une petite partie de son financement du gouvernement, les stations devaient régulièrement solliciter leurs téléspectateurs dans le cadre de ces collectes qui duraient plusieurs journées, voire des semaines. Le concert de Richard s'inscrivait dans une de ces campagnes. Ainsi, pendant la diffusion du spectacle, on offrait aux téléspectateurs un CD de Richard s'ils faisaient un don de 75 $. Avec 100 $, ils recevaient le DVD du concert. À 150 $, c'était les deux.

Richard recevait une redevance pour chaque article vendu. Dans un pays de plus de 300 millions d'habitants, Richard et son gérant rêvaient en grand.

— Monsieur le pianiste, vous pouvez vous considérer comme millionnaire à nouveau, avait alors annoncé Michael Roy à son poulain.

La compagnie de Richard, Les Productions Abelin, était l'un des trois investisseurs dans cette aventure. Mais ladite aventure valait la peine, car elle devait être, et a effectivement été, diffusée

318 fois dans 201 stations américaines. PBS a produit un document confirmant ces chiffres.

La production a certes été dispendieuse. Les dirigeants de PBS voulaient que le concert soit enregistré dans une salle de bal avec des lustres et plus de danseurs. Et ils exigeaient que Richard s'exprime en anglais, ce qui allait de soi, puisque l'émission était dédiée au marché américain. Ils s'attendaient à du beau !

Le réalisateur Pierre Séguin, à qui on doit des succès comme *La petite vie* à Radio-Canada et des dizaines de concerts télévisés et émissions spéciales de musique, en a fait la réalisation.

Après une longue recherche, Richard et son équipe de production ont décidé de louer la salle de bal de l'ancien hôtel Windsor à Montréal. Ils ont embauché 26 musiciens et 24 danseurs.

Mauvais *timing*, car, en 2009, les États-Unis venaient de traverser une des pires récessions de leur histoire. Les gens avaient moins d'argent à dépenser. Leurs dons se limitaient alors à 30 $ ou 50 $, des montants insuffisants pour se procurer les CD et DVD de Richard. Donc, pas de redevances.

Pour stimuler les ventes, Richard était lui-même allé répondre au téléphone à la station de PBS à Burlington au Vermont, non loin de la frontière canadienne, comme on le voyait dans le temps lors de téléthons ici au Canada, quand des artistes venaient en studio pour répondre aux appels des donateurs. Il était aussi allé dans une autre station en Pennsylvanie.

En vain.

— Nous n'avons même pas fait nos frais, conclut Richard.

En plus, Richard était pris dans un imbroglio juridique avec un distributeur. Pour des raisons contractuelles le liant à ce distributeur qu'il souhaitait quitter, les CD et DVD de ce concert à PBS n'ont pas pu se retrouver sur les étagères des boutiques de disques avant les fêtes.

— Les mois précédant Noël étant les meilleurs pour les ventes de disques, j'ai perdu des dizaines de milliers de ventes, explique Richard.

Cette aventure lui a laissé un goût amer dans la bouche, mais, au moment d'écrire ces lignes, Richard, Michael et Pierre Touchette de Spectra sont en pourparlers pour un autre projet à la chaîne PBS.

Entretemps, le pianiste a continué les tournées en région, les concerts privés, les croisières et surtout ses engagements au Casino de Montréal.

Richard a toujours aimé le Casino, car il en appréciait les qualités techniques, dont une magnifique sonorisation et de très beaux éclairages.

— Il y a une certaine électricité dans l'air, l'ambiance y est très agréable. C'est probablement pour ces raisons que mes spectacles connaissent autant de succès à cet endroit.

En un an, il y avait offert 37 spectacles et 5 supplémentaires.

Le Casino de Montréal misait fort sur Richard. Il a fait installer au coût de 60 000 $ trois grands panneaux-réclames le long de trois autoroutes très passantes de la région montréalaise.

Richard a aussi tenu l'affiche au Casino du Lac-Leamy en Outaouais. La direction a confirmé qu'il a battu un record d'assistance à ce casino. La salle pouvait accueillir plus de 1 000 personnes[5] et il avait fallu ouvrir le balcon pour accommoder tout le monde. On n'avait jamais connu une telle affluence pour une matinée — ce qui posait tout un problème parce que l'établissement manquait d'employés.

De plus, chaque année depuis plus de 15 ans, Richard passe ses mois de février en Floride, où il va présenter des spectacles clé en

---

5   *Journal de Montréal,* 24 septembre 2003

main, c'est-à-dire qu'il apporte tout l'équipement nécessaire, dont le piano et le système audio. Il fait des tournées dans des parcs de condos ou de maisons mobiles, prisés par les *snowbirds* du Québec, où l'on veut offrir un divertissement aux résidents.

— Tout a commencé il y a une quinzaine d'années avec mon oncle Gilles Abel qui habite à Hawaiian Gardens à Fort Lauderdale, un joli complexe de condos, explique Richard.

Depuis, l'oncle Gilles lui organise des spectacles chaque année.

— C'est à ce complexe de condos que j'ai offert le plus de spectacles, deux ou trois par année, continue Richard.

Quand il va en Floride, le pianiste est habituellement accompagné d'une formation réduite de 6 personnes, et joue devant des salles plus petites, de 200 à 300 spectateurs.

Et il fait cela tout à fait légalement, c'est-à-dire qu'il est muni d'un permis de travail et d'un carnet d'import-export pour son équipement.

— Comment faire autrement ? Comment passer aux douanes avec une énorme remorque contenant un piano à queue, une dizaine de haut-parleurs, des synthétiseurs, une guitare, des feuilles de musique et des costumes, et dire qu'on ne vient que pour des vacances !

En 2007, Annik Bergeron, alors coordonnatrice à la Fondation Rêves d'enfants, a approché Richard. L'organisme fait vivre une expérience unique à des enfants malades, souvent en fin de vie.

Francis Bilodeau, âgé de 17 ans, était gravement affecté par une malformation cardiaque qui le rendait très frêle et fragile, car son cœur se fatiguait vite. Il avait toujours froid, car sa maladie affectait aussi son système immunitaire.

Son rêve était d'assister à un concert avec son idole, Richard Abel.

— J'étais surprise. Francis était bien jeune pour apprécier monsieur Abel, se souvient Annik Bergeron. Son public était habituellement plus âgé que ne l'était Francis.

Celui-ci et ses parents habitaient en Beauce dans une maison réaménagée pour lui éviter trop d'efforts physiques. Pour lui changer les idées, ses parents avaient installé un grand écran et un lecteur DVD.

Ils possédaient le DVD de Richard Abel enregistré pour le réseau PBS, *Elegancia*.

Francis adorait regarder cette vidéo dans laquelle il admirait les violonistes habillés en style viennois. Il observait tous les gestes du chef d'orchestre, avec sa baguette. Francis se tenait devant l'écran géant et il l'imitait. Il faisait jouer ce DVD à répétition. Il avait appris tous les mouvements du chef d'orchestre par cœur.

Richard et ses musiciens ont accepté sans hésitation de participer gratuitement au rêve de Francis.

Les organisateurs de Rêves d'enfants ont ensuite contacté la direction du château Frontenac qui était d'accord pour prêter leur magnifique salle de bal, en plus d'offrir des chambres gratuites à la famille de Francis, incluant ses tantes et ses oncles, ainsi qu'aux musiciens. Tous étaient logés et nourris pour un week-end. Ils étaient en tout 60 personnes.

Annik Bergeron, aujourd'hui directrice aux événements de Rêves d'enfants, n'en revenait pas de la générosité de tout le monde et en particulier de Richard Abel :

— Il en a donné plus qu'on ne lui en avait demandé. Il est même allé le border dans son lit le soir.

Encore une fois, Richard donnait-il à un enfant ce que lui n'avait pas eu dans sa jeunesse ?

— C'est possible, répond le premier intéressé. Mais, je ne me suis jamais arrêté à ça. J'avais le goût de faire une différence, de rendre quelqu'un heureux.

Le week-end a été magique, de l'avis de tous.

— L'expression dans les yeux de Francis qui pouvait enfin nous voir en personne disait tout, ajoute Richard.

Pour la dernière pièce, le chef d'orchestre a donné une baguette au petit, et celui-ci a fait comme s'il dirigeait.

Il a répété tous les mouvements du chef qu'il avait appris sur la vidéo. À la fin, il a donné le grand coup de baguette parfaitement synchronisé avec le dernier accord des musiciens sur scène.

— Techniquement, il nous suivait, dit Richard, mais pour les gens, ça avait l'air que c'était lui qui dirigeait. Et il l'a vraiment eu. Il aurait pu se tromper, mais non.

Donc, une grande finale, une ovation debout et des larmes.

— Ça pleurait, les parents, la famille et même plusieurs musiciens, se souvient Annik qui admet avoir elle aussi versé quelques larmes.

— Je l'ai emmené par la main pour le salut, comme on fait avec un chef d'orchestre, poursuit Richard. Je l'ai ensuite assis sur moi au piano. J'ai pris sa main toute raide, et je l'ai fait jouer sur le piano.

Richard a alors choisi une mélodie simple, *Berceuse pour un ange*, une composition de Richard et du guitariste Normand Dubé. Les musiciens ont suivi.

Tandis qu'il raconte cette histoire, on peut voir une photo de Richard et de Francis sur la tasse dans laquelle le pianiste boit son café

— De la façon dont elle a été prise, on dirait qu'il me regarde pour me demander si tout est correct.

Francis est mort quatre ans plus tard.

Si Richard donne beaucoup au suivant, c'est parce qu'il a beaucoup reçu aussi.

— Je pourrais remercier énormément de gens qui m'ont aidé tout au long de ma carrière. J'en aurais pour des pages et des pages. Mais l'auteur de ce livre, Denis-Martin Chabot, m'a dit que ce n'était pas le but de cette biographie. C'est vrai qu'on en aurait pour au moins 10 pages.

Par contre, Richard tient quand même à souligner l'aide de deux personnes.

D'abord, une philanthrope d'Ottawa, Huguette Koller, qui a été la mécène de plusieurs artistes, dont Richard Abel. Ils se sont rencontrés lors d'un concert bénéfice au profit de la Soupière de l'amitié, une organisation dont elle a été la fière présidente pendant 25 ans. La Soupière nourrit des moins nantis de la région de l'Outaouais.

Madame Koller a été très généreuse envers lui, mais elle préfère la discrétion.

— J'ai la plus haute estime pour cette femme. Jamais je n'oublierai ce qu'elle a fait pour moi.

Il y a aussi un grand homme d'affaires de Toronto, d'origine bulgare, Bill Evanov, qui possède une vingtaine de stations de radio au Canada. Depuis une dizaine d'années, il se fait un plaisir de dire qu'il diffuse plus d'une cinquantaine de pièces de Richard, plus particulièrement sur une de ses chaînes, Jewel, notamment à Ottawa, Toronto et Winnipeg.

— Il faut que je vive au Québec pour qu'autant de stations de radio de l'extérieur de la province jouent ma musique !

C'est la seule photo de Guilda et moi sur scène que j'ai trouvée !
À ce moment-là, j'étais son accompagnateur. C'était au début des années 80.

1984. Je faisais maintenant partie de la revue de Guilda en tant qu'artiste. Ce fut ma plus grande école, car j'ai dû apprendre à danser le tap dance, à chanter, à interpréter des chorégraphies, à jouer la comédie, à faire des changements rapides de costumes... Le vrai music-hall, quoi !

Ti-Gus (Réal Béland père), Ti-Mousse (Denyse Émond) et moi lors de notre première tournée à la fin des années 70.

Assise sur mes genoux, on reconnaît ma copine Johane. Nous étions alors séparés, mais nous sommes demeurés de très bons amis. Elle s'était jointe aux musiciens pour cette tournée avec Ti-Gus et Ti-Mousse. En haut, à gauche, c'est le batteur Gilles Gagné et, à droite, le bassiste Robert Dubrule aujourd'hui décédé.

Je n'ai retrouvé aucune photo de Michel et moi à l'époque où j'ai été son chef d'orchestre en 1976. Cette photo a été prise une dizaine d'années plus tard avec mon directeur technique Alain Constantineau.

En 1981, avec Liberace, dans sa loge à la PDA. J'avais 26 ans. Liberace a été d'une très grande gentillesse. Nous avons discuté pendant près d'une demi-heure et je l'ai reconduit jusqu'à sa limousine. La personne qui prenait les photos était tellement nerveuse qu'elle tremblait et toutes sont floues sauf celle-ci... Lorsque j'ai fait la PDA pour la première fois en 1988, j'ai demandé la même loge et le même piano !

Claude Léveillée est le compositeur dont j'ai enregistré le plus de musique sur disque et que j'ai le plus interprété sur scène. Surtout à l'étranger, où je me faisais un devoir de jouer et de faire connaître la musique de chez nous.

Stéphane et moi avons vécu ensemble pendant sept belles années. J'ai connu la joie d'être « beau-papa » de ses deux admirables enfants qui se nomment Émilie et Gabriel. Maintenant qu'ils sont devenus de jeunes adultes, ils m'ont écrit dans une carte de Noël que j'ai été un beau-papa merveilleux et ça m'a beaucoup touché... C'est une de mes plus belles expériences de vie.

Mon frère Yvon et moi lors du 75ᵉ anniversaire de maman.

Le concert privé le plus important de ma carrière à ce jour ! Celui pour le prince Philip, duc d'Édimbourg, en 1989. C'est le bureau du Premier ministre Brian Mulroney qui m'a engagé après que plusieurs de ses membres sont venus me voir en concert au Centre des Arts d'Ottawa.

J'ai eu l'immense privilège de jouer pour le 52e anniversaire du Premier ministre Brian Mulroney à sa résidence de la rue Sussex. Son épouse Mila joue également du piano. En souvenir de cet événement, ils ont eu la délicatesse de m'offrir cette photo dédicacée. Quelques années plus tard, nous nous sommes revus au Château Montebello. M. Mulroney, d'origine irlandaise, a chanté *When Irish eyes are smiling*. Ce fut un honneur de l'accompagner.

Me voici avec Lady Alys Robi dans un spectacle intime au Chalet des phares à Saint-Antoine-de-Tilly. C'est la fois où je l'ai abandonnée après la dernière représentation. Cette photo a été prise environ 10 minutes avant que je ne me sauve par la sortie à l'arrière-scène (point rouge près du visage d'Alys). Mon directeur technique m'attendait dans l'auto avec mes bottes, mon manteau d'hiver et ma valise !

Avec mon père et sa copine Rose après un de mes spectacles en Floride.

Mumbaï, lors de ma plus récente tournée en Inde en 2014. On voit l'accordeur de piano et les musiciens qui arrivent pour le test de son. Le maire était présent pour ce concert de Noël en plein air à 32 degrés Celsius !

Que je suis donc fier d'avoir fait la une du *Times* à Goa (un État de la côte sud-ouest de l'Inde) dans la section Arts et Spectacles !

En Inde, le bindi (appelé aussi tilak) est une marque apposée sur le front au cours, entre autres, d'une cérémonie en guise de bienvenue et qui est censée porter bonheur.

Centre Bell, 2005. J'aime exprimer aux gens la différence entre les deux photos. La première est ce que le public voit : des décors somptueux, des musiciennes vêtues comme des « Sissi Impératrice », des éclairages sublimes, etc. La deuxième est ce que l'artiste voit : ce nombre impressionnant de spectateurs et je vous assure que pour nous, c'est tout aussi beau ! Cette deuxième photo a été prise quelques minutes avant d'éteindre les lumières dans la salle et d'entrer sur scène. J'avoue que cette fois-là, de vous voir si nombreux m'a donné le trac !

À Paris, à la prestigieuse salle de l'UNESCO. J'y étais, entre autres, avec Nanette, Martin Deschamps et Yves Duteil. Nous étions accompagnés par le Grand Orchestre de Châteauguay (50 musiciens). Nous devions faire environ 30 minutes chacun en plus des quelques pièces interprétées par les musiciens et chanteurs de l'orchestre. Ce concert était offert en collaboration avec l'Association de paralysie cérébrale du Québec dont j'étais le porte-parole.

Pendant notre séjour à Paris, ce fut l'anniversaire de Nanette. Garou se trouvait également à Paris et il nous a invités dans sa suite au fameux Georges V. Nous voilà réunis au piano pour un petit « jam » à six mains !

Avec Céline au Centre Bell en 2011. Nous étions trois pour la rencontrer avant son spectacle : le maire de Montréal (M. Tremblay), le chanteur Adamo et moi. Les deux premiers ont pris tout le temps alloué aux rencontres et il n'en restait plus pour moi. Céline a quand même accepté de me voir rapidement. Je peux donc vous confirmer qu'elle n'est pas seulement gentille devant les caméras ! Quelques jours plus tard, je recevais cette photo de son bureau ! En passant, je déteste la chemise que je porte. Je pesais à peine 150 livres et elle me fait paraître 30 livres de plus !

Je suis avec l'actrice américaine Debbie Reynolds sur le fameux bateau de croisière *Queen Elizabeth II.* Elle et moi avons la même date d'anniversaire, soit le 1er avril (mais pas la même année!). J'ai donc présenté mon spectacle le soir de ma fête et elle, le lendemain. Elle a assisté à ma représentation et le lendemain, elle m'a invité à sa table pour partager le repas.

Par l'entremise de mon gérant, des producteurs ontariens et moi avons coproduit un spectacle de la chanteuse américaine Connie Francis à la salle Wilfrid-Pelletier de la PDA. Elle m'a proposé de faire la première partie. Que ma mère était fière de nous voir ensemble ! Au lieu de lui offrir un bouquet de roses… je lui ai plutôt offert mes violonistes qui se sont ajoutés à ses musiciens !

Michèle Richard et moi avons le même gérant ! C'est Michèle qui m'a offert cette photo derrière laquelle elle a écrit : « C'est une très jolie et tendre photo. »

Lors d'un de mes nombreux passages à l'émission de variétés *Les démons du midi* à Radio-Canada avec les regrettés Gilles Latulippe et Suzanne Lapointe. Ici, nous venions de faire un numéro chanté dans lequel Suzanne et moi incarnions des gitans dans un carrosse tiré par une mule… Qui faisait la mule à votre avis? Suzanne a tellement ri tout au long du numéro qu'elle a eu peine à interpréter sa chanson. Pendant qu'elle riait, je chantais ses bouts à elle ! Quel souvenir !

Depuis une quinzaine d'années, j'offre des spectacles en Floride tout le mois de février. Ici, je suis avec mon gérant Michael Roy et la regrettée Pier Béland à un de ses spectacles au Thunderbird.

Chapitre 19

Slumdog Richard Abel!

Qu'est-ce qu'un pianiste populaire québécois et l'Inde ont en commun?

Rien, absolument rien.

— Sauf peut-être, dit Richard, la musique instrumentale qui est universelle.

Richard s'est retrouvé à trois reprises dans ce pays des contrastes, du très beau et du très laid, du pur et du souillé, du très riche et du très pauvre.

— Je connaissais un producteur indien, Dereyk Talker, depuis 30 ans. Il était dans le disque avant de se lancer dans l'importation et le doublage de films. Et aussi dans le spectacle, explique Michael Roy.

Talker a fait une proposition à Richard.

Il rêvait de prendre un pianiste inconnu dans son pays et de le faire découvrir. Ayant déjà travaillé avec Richard Clayderman, il a accepté d'organiser une tournée avec Richard Abel.

Les visiteurs sont restés 10 jours là-bas.

— Moi, le décalage horaire, ça me tue, dit Richard. C'est neuf heures et demie entre ici et l'Inde. Des experts disent qu'il faut compter un jour par heure de décalage. Je peux vous dire que cela a été exactement mon cas. Je n'ai commencé à bien me sentir qu'au moment de revenir!

Alain, lui, qui a l'estomac si sensible, n'a eu par contre aucun problème avec le décalage horaire. Après une bonne nuit de sommeil, il était frais et dispos.

Richard n'avait malheureusement que deux jours pour se remettre du décalage. Ses hôtes en ont profité pour lui faire visiter la ville de Mumbai.

Il a d'abord remarqué que la ville était aux prises avec un problème de surpopulation. Plus de 18 millions de personnes vivent sur la petite péninsule 603 km², plus du double de la population du Québec qui, elle, habite sur un territoire de 1 542 000 km². La ville peine à supporter tout ce monde, physiquement, financièrement et socialement.

— Tu es constamment entouré, raconte Richard. Des gens, souvent des enfants, tirent constamment sur ta chemise pour avoir ton attention et quémander. Monsieur Talker m'avait averti qu'ils ont appris à avoir un air tendre et pitoyable pour que tu leur donnes de l'argent.

Richard a vu des affamés qui crevaient littéralement de faim dans la rue, des estropiés sans bras, sans jambes. Il a découvert un pays de contradictions où les très pauvres côtoient les très riches.

Lui, il dormait dans un hôtel cinq étoiles. En regardant par la fenêtre, il voyait des gens hyper pauvres fouiller dans les ordures sur le bord de la rue pour se nourrir. De l'autre côté, il y avait un dépotoir, rempli d'ordures fraîches. Richard y a vu un homme amputé des deux jambes qui cherchait de la nourriture dans les immondices. D'autres y allaient faire leurs besoins, les toilettes étant rares dans ces bidonvilles.

— Ce n'était pas un très beau spectacle. Ils arrivaient de tous les côtés. Ils faisaient leurs affaires puis ils repartaient. Comme tout ce qui se passe à Mumbai est difficile à s'imaginer ou même à croire pour nous, les Nord-Américains! J'ai filmé beaucoup de choses avec mon cellulaire. J'ai donc des images de tout cela.

À Mumbai, une BMW passe souvent devant un mendiant qui n'a pas mangé depuis des jours; des condos et de gros hôtels onéreux voisinent des taudis et des bidonvilles.

Au cours d'une promenade dans la ville, un enfant l'a interpellé. Alors que Richard s'apprêtait à lui donner quelques pièces, monsieur Talker l'a interrompu:

— Regarde, sa mère est de l'autre côté de la rue. Elle a besoin de sa dose. Elle envoie son enfant. Il reviendra avec de l'argent et elle ira acheter sa drogue.

Probablement, comme bien d'autres femmes qui vivaient comme elle dans la rue, elle avait dû se prostituer pour survivre dès l'âge de 9 ou 10 ans. Ses proxénètes l'avaient droguée pour que ça lui fasse moins mal. Elle était accro depuis.

— Si tu lui donnes de la nourriture, explique Richard, tu dois ouvrir le paquet. Mais quand tu fais ça, la mère est en maudit. Elle veut l'emballage intact pour pouvoir le revendre. Avec cet argent, elle pourrait acheter de la drogue. C'est ce que les toxicomanes cherchent. Manger est secondaire pour eux.

La pire expérience qu'il a vécue en Inde, cela a été quand il a croisé une mendiante tenant dans ses bras un bébé. Elle regardait Richard d'un air désemparé. Il voyait bien qu'elle était dans le besoin. Son bébé avait une cicatrice sur le front et donnait l'impression qu'il était mourant.

Richard voulait l'aider. Un billet 5 $ ne le ruinerait pas tout en permettant à la mère et à son enfant de prendre plusieurs repas. Alors qu'il mettait la main dans sa poche, son producteur est intervenu. Il s'est précipité vers la femme pour la réprimander.

— Je ne comprenais pas un mot, dit Richard. Je ne parle pas cette langue.

La femme s'est enfuie.

Richard n'était pas heureux.

— À mon âge, je suis capable de prendre mes décisions. Si je veux donner ou pas de l'argent, c'est mes affaires.

Monsieur Talker lui a alors expliqué qu'un reportage à la télévision indienne avait dénoncé un nouveau fléau, celui des bébés loués. Des mendiantes louaient des bébés 25 ou 50 cents pour la journée. Elles les maquillaient pour faire croire qu'ils étaient très malades ou qu'ils avaient besoin d'être opérés. Elles les droguaient aussi pour ne pas devoir les entendre, notamment quand ils avaient faim ou soif, au risque de les faire mourir d'une overdose. Bien sûr, la pratique était interdite, mais la police était trop débordée pour intervenir et contrôler la situation. Monsieur Talker avait dit à la femme qu'il savait ce qu'elle faisait, que ce n'était pas son bébé et qu'elle l'avait loué.

— Tu veux que nous allions à la police pour vérifier ? l'avait-il menacée.

Elle était alors repartie en courant. Si elle avait dit : « Oui, c'est mon bébé », elle serait restée avec monsieur Talker.

— Ça m'a tellement bouleversé que j'ai eu de la difficulté à dormir cette nuit-là, dit Richard. Je ne faisais que penser au bébé qui n'avait vraiment pas l'air bien.

Un autre sujet qui fascinait Richard était la circulation erratique dans les rues de la ville :

— On passe à quelques centimètres des autres véhicules. Les autos et les tricycles taxis circulent collés les uns sur les autres.

Les Indiens conduisaient aussi très vite, à faire craindre les collisions. Le trafic était saccadé. Les voitures avançaient rapidement et se frôlaient.

— Je me demandais par moments à quoi servaient les feux de circulation dans cette ville, renchérit Richard. Le jour, on aurait pu croire qu'ils étaient plutôt décoratifs.

Sans compter qu'en Inde, on conduit à gauche comme au Royaume-Uni.

En visionnant une vidéo qu'il a enregistrée sur son téléphone intelligent, on peut constater la cacophonie et la confusion dans les rues.

— Un moment donné, je me suis dit que ce n'était pas possible. Les autos passaient et tricotaient entre les voies de circulation. De toute façon, il n'y avait plus de ligne. Plus aucune règle du Code de la route ne tenait. C'est effarant. Comment veux-tu qu'on passe à travers tout cela? Je me disais que si, dans les 10 prochaines minutes, il n'y avait pas d'accident, ça tiendrait du miracle, explique Richard. Bien, non, je n'en ai pas vu un seul. Ça m'a fasciné au plus haut point.

— La première année, n'étant pas connu en Inde, dit Richard, j'ai accepté d'y aller en échange du billet d'avion, de l'hébergement, des repas et des déplacements dans le pays.

Était-ce une bonne affaire? se demanderont plusieurs.

— Juste le fait de pouvoir vivre cette expérience représentait en soi un cachet formidable, répond Richard.

Et monsieur Talker a dû absorber les frais non seulement de Richard, mais de quatre personnes, car, lors de cette première tournée, Richard était accompagné de son gérant Michael Roy, de son directeur technique Alain Constantineau et du chanteur Corneliu, finaliste à l'émission *Star Académie* de 2004.

Richard s'est aussi associé à des organismes de bienfaisance en Inde. Il a donné trois concerts bénéfices et n'a touché aucun cachet. Les profits sont allés directement aux organismes.

Le premier a eu lieu à Mumbai au profit d'un orphelinat de jeunes filles.

En Inde, on comptait, lors du recensement de 2011, 940 Indiennes pour 1 000 Indiens. Pour les enfants de moins de 6 ans, l'écart était encore plus grand, soit 914 filles pour 1 000 garçons. Cela indiquait que des femmes s'étaient fait avorter après qu'une échographie avait confirmé qu'elles portaient une fille, surtout si c'était le deuxième ou troisième bébé. Si elles ne se faisaient pas avorter, elles abandonnaient parfois leur bébé. Les familles préféraient avoir un garçon.

— Quand on entend un bébé pleurer dans un conteneur, c'est souvent une fille abandonnée, déplore Richard.

Ces enfants aboutissent à l'orphelinat.

Quand Richard et son groupe sont arrivés, les jeunes filles, vêtues pour l'occasion d'une tunique et d'un *sarouel* jaune, les attendaient sur le perron de l'édifice. La responsable de l'orphelinat, une femme presque aveugle, du nom de Miriam Batliwala, a consacré sa vie au mieux-être de ces enfants abandonnés. Un livre intitulé *InSight* publié en 2012 raconte son histoire.

Les orphelines ont ensuite chanté pour leurs invités avant d'entreprendre une chorégraphie de yoga.

— Elles étaient superbes, se rappelle Richard. Leur chorégraphie était parfaite. Les responsables de l'orphelinat doivent certainement souscrire aux vues du baron Pierre de Coubertin, qui disait un esprit sain dans un corps sain. Elles avaient l'air heureuses et épanouies.

À l'orphelinat, on leur enseigne des connaissances de base pour les aider à se débrouiller dans la vie, dont l'anglais, et aussi comment utiliser un ordinateur pour que lorsqu'elles en sortiront et devront chercher un emploi, elles aient toutes les chances de leur côté. Elles doivent être meilleures que les hommes pour survivre. Selon madame Batliwala, elles n'auront pas plus de deux semaines pour y arriver. Sinon, elles tomberont dans la prostitution. Comme l'orphelinat était surpeuplé, les jeunes femmes devaient souvent partir avant même d'atteindre l'âge adulte pour faire place à d'autres.

— C'est ainsi qu'on retrouve des prostituées seulement âgées de 9 ans ou 10 ans, conclut Richard.

Quelques jours plus tard, le pianiste et son groupe sont allés visiter un orphelinat de garçons.

— Je n'en revenais pas de cette pauvreté abjecte, explique Richard. J'en ai pleuré tellement ça m'a ému. Ils m'ont fait un petit spectacle en imitant la fameuse chorégraphie du populaire film *Slumdog millionnaire*. J'ai vu un garçon qui avait un bout d'oreille arraché. Ces petits...

Il doit interrompre son récit, car l'émotion l'étouffe. Il en pleure encore, surtout lorsqu'il regarde une des nombreuses vidéos qu'il a tournées là-bas.

— J'avais l'impression d'être dans le film, bien que le réalisateur eût tourné dans une section moins insalubre du désormais célèbre bidonville.

En se rendant à l'orphelinat des garçons, Richard a pu voir des immeubles à appartements, des taudis, munis de fenêtres sans vitre du haut desquelles, n'ayant pas de toilettes, les gens doivent jeter leurs excréments dans une espèce de ruisseau devant leur immeuble, non loin de la rue, qui a dû être creusé manuellement.

— C'était une rivière d'excréments humains, précise-t-il.

Pour se rendre à l'orphelinat, le chemin le plus court passait par un quartier musulman. Ce même jour, Oussama ben Laden venait d'être abattu par les Américains. C'était le 2 mai 2011. La tension était palpable. Les gens du quartier se levaient au passage de l'auto conduisant Richard. Leur regard était inquiétant.

Voyant que ces hommes s'avançaient vers leur auto, le père Joe Pereira qui accompagnait Richard a dit :

— Les gens semblent nerveux. Faisons demi-tour, et passons par un autre chemin.

À leur arrivée à l'orphelinat des garçons, les jeunes leur ont placé des guirlandes de fleurs au cou. Ils leur ont également apposé sur le front le « bindi », du mot sanscrit « bindu » qui veut dire la goutte, symbolisant le troisième œil mystique. Ce point habituellement rouge est également un symbole de conscience, de bonne fortune et de festivité.

Le troisième concert était au profit d'un organisme, du type soupe populaire et refuge pour hommes dans le genre de celui dont s'occupe Dan Bigras. L'établissement hébergeait des hommes aux prises avec des problèmes d'alcool et de toxicomanie.

— J'ai pu leur parler, leur serrer la main individuellement, dit Richard, et leur dire qu'il est possible de s'en sortir, car mon père en était la preuve. Cela les a beaucoup touchés et leur a donné de l'espoir.

Lors de sa deuxième tournée en Inde, Richard a rencontré des journalistes.

— J'ai fait la une du *Goa Times* et je peux dire que cet article m'a grandement servi quand je suis passé par l'aéroport de Mumbai pour revenir au Québec !

Une grande partie des profits de ses spectacles étaient remis à *Habitat for humanity*, un organisme qui construit des habitations pour les sans-abris dans le monde entier. En guise de remerciement, les responsables lui avaient remis un cadeau symbolique : une truelle de maçon, debout, le manche planté dans un bloc de liège, le tout enfermé dans une caisse en verre.

— Quand le moment est venu de passer aux contrôles de sécurité avec cet objet, cela a causé toute une histoire. Les deux carrousels sur lesquels on met nos bagages se sont arrêtés pendant de longues minutes. Personne ne pouvait passer ! Avez-vous la moindre petite idée de l'achalandage à cet aéroport ? Il y avait deux files de centaines de personnes. Inutile de vous dire que je venais de causer une congestion non désirée ! Les agents de sécurité m'ont entouré et bombardé de questions. Tout le monde me regardait d'un air plus qu'inquiet. Je me suis rappelé l'article du journal parlant de ma tournée. Je l'ai sorti de mon sac, et cela m'a aidé à expliquer la situation. Malgré tout, les agents ont beaucoup hésité avant de me permettre d'embarquer dans mon avion avec cet objet plutôt inusité. Il faut avouer qu'entre les mains d'une personne malveillante, il aurait pu causer des blessures graves.

En plus de vastes océans, toute une immense différence culturelle séparait les deux mondes, l'Inde et le Canada. Heureusement, la musique instrumentale était sans paroles et donc universelle.

Par contre, les Indiens aimaient bien la musique venant des États-Unis. Ils connaissaient Elvis Presley et la musique country. Comme ils ne faisaient pas toujours la différence entre le Canada et les États-Unis, ils ont tout de suite aimé Richard.

— Pour eux, je venais de l'Amérique. Point à la ligne, précise-t-il.

Il devait tout faire en anglais aussi, car c'est la deuxième langue la plus répandue.

Dans ses concerts, Richard a proposé des pièces connues mondialement. Des extraits de comédies musicales, dont le fameux *Memory* de Cats ou *Don't Cry for me Argentina* de Evita, des musiques de Abba, des thèmes de film ou carrément des standards américains.

— Ce n'est pas la place pour jouer du chansonnier québécois, soutient Richard, quoique je me sois toujours fait un honneur, dans mes spectacles à l'étranger, d'interpréter au moins une pièce de mon pays. Je joue habituellement du Claude Léveillée. Je fais souvent *Frédéric*. Les Indiens ont aimé ça, ça a bien passé.

Les spectacles avaient le plus souvent lieu dehors. Il faisait tellement chaud, parfois 40 degrés et plus, qu'un camion-citerne venait avant le spectacle pour arroser le terrain couvert de sable afin de neutraliser la chaleur qui s'y était accumulée tout au long de la journée sous un soleil de plomb. L'eau s'évaporait au bout d'une quinzaine de minutes, mais au moins les gens n'avaient pas l'impression d'être assis sur un four!

Richard est allé trois fois en Inde, soit en 2012, 2013 et 2014.

— Ces voyages et tout ce que j'y ai vu et vécu m'ont transformé en tant qu'être humain. J'en suis revenu un homme différent.

À travers cette pauvreté abjecte, une richesse opulente s'épanouissait. Des riches vivaient dans des condos à un million de dollars, tandis que, de l'autre côté de la rue, des démunis, orphelins, handicapés, sans-abris cherchaient désespérément des restes de nourriture dans des poubelles.

— On dirait qu'il n'y a pas du tout de classe moyenne là-bas. L'injustice et l'inégalité sociale sont omniprésentes.

L'indigence dont il a été témoin en Inde lui a-t-elle rappelé son enfance dans la pauvreté?

— C'est certain que plusieurs choses m'ont rappelé mon enfance, quand nous vivions sans eau ni électricité, entassés dans une cabane, et faisions nos besoins dans une chaudière pour ensuite les jeter dehors! Et pourtant, nous n'étions pas en Inde! Mais, au moins, nous n'avons jamais crevé de faim, ni vraiment été maltraités ou, encore moins, abusés.

Encore une fois, l'émotion étouffe Richard et l'interrompt.

— Quand je voyais ces petits orphelins et ces petites orphelines, je pleurais. Et quand je les revois sur les vidéos que j'ai tournées, ça vient encore me chercher. Je réalise aujourd'hui que tout cela a fait en sorte que je suis devenu l'homme que je suis. La vie m'a en retour gratifié d'une chose que plusieurs personnes n'ont pas, c'est-à-dire cette magnifique capacité d'apprécier ce que j'ai! C'est pourquoi, mon cher Denis-Martin Chabot, qui as si gentiment et professionnellement recueilli mes propos, je tenais à écrire, au début de ce livre: «Il n'est peut-être pas bon de souffrir, mais il est bon d'avoir souffert.»

Le mot de Denis-Martin Chabot, co-auteur

Après 35 ans de journalisme, dont plus de 32 à Radio-Canada, j'ai appris à ne jamais sous-estimer les gens, à ne pas lever le nez sur un sujet qui, au premier abord, peut sembler banal, et encore moins à utiliser un événement ou une nouvelle pour me mettre de l'avant. Les gros égos nuisent à l'information.

Je connais Richard Abel depuis 35 ans, mais je savais peu de lui. Lorsqu'il m'a approché en novembre 2015 pour rédiger sa biographie, je me suis demandé ce qu'il pourrait bien raconter qu'on ne savait pas déjà et qui allait étonner les lecteurs. Après tout, le dicton le dit bien, les gens heureux n'ont pas d'histoires. Or, ce dicton n'est pas vrai dans le cas de Richard Abel. À l'exemple du prospecteur qui retourne toutes les pierres pour découvrir un trésor, j'ai remué les souvenirs de Richard. Et quelles découvertes, comme vous avez pu le constater !

Richard est un homme dévoué, persistant et vaillant qui ne baisse jamais les bras devant l'adversité qui l'a suivi tout au long de sa carrière. Il croit en lui-même et en son talent, m'a confié son gérant Michael Roy. En fait, tous ceux à qui j'ai parlé pour ce livre m'ont dit la même chose. Évidemment, chaque qualité a son revers. Dans le cas de Richard, on pourra lui reprocher d'avoir parfois froissé quelques personnes au passage alors qu'il se battait pour réussir.

Michael Roy m'a aussi dit que Richard a une soif inaltérable d'être reconnu.

— Richard s'indigne quand on ne l'invite pas à des événements importants ou à des émissions de télévision de grande écoute, précise Michael. Ça le blesse plus qu'il ne le laisse voir. J'ai rarement rencontré quelqu'un qui a autant besoin de reconnaissance.

Avec cinq Félix en carrière, le talent de Richard Abel est indéniablement reconnu par ses pairs.

Et pourtant…

Il en redonne. Producteur et artiste, Richard ne lésine pas. Là où quatre musiciens auraient suffi, s'il peut en payer huit, ce sera huit.

— C'est le défaut de porter les deux chapeaux, explique Michael. Richard pense en artiste, et non en producteur, au risque de ne pas faire d'argent.

Avec un million de disques vendus et un fan-club motivé, Richard est aimé, pour ne pas dire adulé, par son public.

Et pourtant…

Il est toujours aussi généreux envers ses admirateurs. Il répond personnellement à chaque lettre ou courriel qu'on lui envoie. Il ne veut pas les décevoir.

— Je ne suis pas un pianiste classique, m'a dit Richard à quelques reprises. Je suis un pianiste populaire.

Il est clair que Richard veut être aimé. Tente-t-il de pallier ainsi tout ce qu'il a manqué pendant son enfance ? Il ne peut pas l'affirmer ni le nier.

Une chose est certaine, cette enfance difficile, il l'a portée en lui, incapable d'en parler ouvertement jusqu'à maintenant. Il ne pouvait pas en parler à la demande de son père qu'il a aimé malgré tout jusqu'à la fin.

— Papa est décédé le 1ᵉʳ juin 2014. J'ai respecté son désir de ne pas parler de mon enfance difficile, m'a-t-il confié lors de notre première rencontre formelle en janvier 2016.

N'allez pas croire pour autant qu'il se prend au sérieux. Loin de là. Il m'a raconté une anecdote que j'ai gardée pour la fin de ce livre.

Ainsi, un jour alors qu'il passait devant le rayon des disques d'une grande chaîne de magasins, il a remarqué qu'on y vendait son album de Noël.

— J'ai voulu voir si des gens s'arrêtaient et l'achetaient.

Il a donc feint de magasiner. Il s'est approché d'une cliente qui ne l'a même pas regardé.

— J'étais juste curieux de voir ce qui l'intéressait.

Lorsque la femme est tombée sur son disque, Richard, qui a toujours aimé les gens et qui a toujours parlé à tout le monde, lui a dit à la blague :

— Ça, c'est un bon disque.

Elle lui a répondu du tac au tac, sans même se retourner :

— Peut-être, mais lui, je ne suis pas capable !

Elle désignait la photo de Richard sur la pochette.

— La seule chose que j'ai trouvé à lui répondre, continue Richard, c'est : « Ah, mon Dieu, mon cœur saigne ! » Je blaguais évidemment.

La femme s'est retournée. Elle a regardé Richard, puis la photo sur le CD.

— C'était une farce que je faisais, a-t-elle alors dit.

— C'est correct, on ne peut pas plaire à tout le monde, a rétorqué Richard.

Embarrassée, elle a continué à s'expliquer :

— Dans le temps de Noël, c'est le fun d'avoir des paroles. Les paroles des cantiques.

— Si vous me permettez... écouter du Ginette Reno ou du Céline Dion avec des amis aux fêtes, ça peut devenir cacophonique. Elles chantent fort, les gens parlent fort pour s'entendre. Et qu'est-ce que vous faites ? Vous allez baisser le son de votre stéréo. Dans ce genre de circonstances, la musique instrumentale de Noël est plus appropriée. Il y a un temps pour chaque genre musical !

— Vous avez raison, a-t-elle conclu. Je vous trouve sympathique. Je vais le prendre, votre album.

Avec beaucoup d'humilité et de générosité, Richard avait gagné le cœur de cette acheteuse, comme il a gagné celui de ses admirateurs, un à la fois, doucement... Et non pas comme il a remporté la 6/49.

Discographie

45 TOURS:
Clin d'œil / Thaîs, 1980
Mélodie d'Antan / Promenade au Carnaval, 1982
Promedade dans les Îles / Bumble Boogie, 1984

ALBUMS:
Enfin!, 1988
Mélodies, 1990
Noël au piano, 1991
Instrumental memories, 1992
Pour le plaisir - Vol. 1, 1994
Pour le plaisir - Vol. 2, 1996
Instrumental memorie, - Vol. 2, 1997
Richard Abel, Les grands succès, 1998
Richard Abel Live, 1999
Inspiration classique, 2000
Romance, 2002
L'essentiel, 2003
Hommage aux compositeurs québécois, 2004
Elegancia, 2005
Richard Abel Noël, 2007
Richard Abel, Plus de 25 ans de musique, 2008
Elegancia Special PBS, 2009
Instrumental memories "The New Version", 2010
Autour du monde, 2014

Remerciements

Jacqueline St-Pierre

Alain Constantineau

Joane Lefebvre

Stéphane Pelchat

Michael Roy

Roger Sylvain

Annik Bergeron et la Fondation Rêves d'enfants

Antonin Imbeault

Justin Ouellet

Martin Deschamps

Patrice Samuel

Bibliothèque et Archives nationales du Québec

Association québécoise de l'industrie du disque, du spectacle
et de la vidéo

La Guilde des musiciens

Productions Rivages

Table des matières

MARQUIS

Québec, Canada